乡村振兴战略背景下的农业经济管理探析

刘 佳 冯亚妮 金 松 ◎著

中国书籍出版社
China Book Press

图书在版编目（CIP）数据

乡村振兴战略背景下的农业经济管理探析 / 刘佳,冯亚妮, 金松著. -- 北京：中国书籍出版社, 2024.8.
ISBN 978-7-5068-9993-2
Ⅰ.F322
中国国家版本馆 CIP 数据核字第 2024QA8013 号

乡村振兴战略背景下的农业经济管理探析

刘　佳　冯亚妮　金　松　著

图书策划	邹　浩
责任编辑	吴化强
责任印制	孙马飞　马　芝
封面设计	博建时代
出版发行	中国书籍出版社
地　　址	北京市丰台区三路居路 97 号（邮编：100073）
电　　话	（010）52257143（总编室）　（010）52257140（发行部）
电子邮箱	eo@chinabp.com.cn
经　　销	全国新华书店
印　　厂	晟德(天津)印刷有限公司
开　　本	710毫米×1000毫米　1/16
印　　张	13.5
字　　数	242千字
版　　次	2025 年 1 月第 1 版
印　　次	2025 年 1 月第 1 次印刷
书　　号	ISBN 978-7-5068-9993-2
定　　价	78.00元

版权所有　翻印必究

前 言

随着中国社会经济的持续发展和城乡一体化进程的加速,乡村振兴战略逐渐成为推动农村繁荣、农民富裕、农业现代化的重要战略部署。这一战略的提出,不仅是对新时代农业农村工作的全面升级,也是实现国家整体发展战略、构建新发展格局的重要举措。在当前背景下,农业经济管理面临着前所未有的机遇与挑战。一方面,农业现代化水平的提高和农业生产方式的转变,要求农业经济管理必须不断创新和完善,以适应新的发展需求。另一方面,乡村振兴战略的全面实施,为农业经济管理提供了广阔的发展空间和强大的政策支持,同时也对农业经济管理提出了更高的要求。深入探讨和研究乡村振兴战略背景下的农业经济管理,对于促进农业现代化、实现乡村振兴具有重要意义。

本书对乡村振兴战略及其背景下的农业经济管理进行深入剖析。探讨乡村振兴战略的提出背景,即当前农村面临的挑战与机遇,以及战略的核心意义。然后介绍农业与农业经济管理的基础知识,包括农业的定义、分类和农业经济管理的核心概念、性质和目标,为理解农业经济管理奠定基础。在乡村振兴战略背景下,分析农业经济管理的重要性,指出当前存在的问题,并提出针对性的优化策略,以更好地推动农村经济发展。在此基础上还讨论乡村治理现代化的目标、原则以及农业新旧动能转换对乡村治理的推动作用。同时探讨新型农村集体经济与乡村治理的耦合关系,为乡村治理提供了新的思路。在文化传承方面,分析乡村文化的内涵、特征及其与现代农业经济的结合方式,强调农村文化创意产业与农村经济的互动发展,以及农耕文化传承与乡村旅游的可持续性。就农村生态环境保护的重要性,以及农业机械化建设对环保的促进作用进行详细分析。同时提出了通过改善农村生态环境推动生态农业经济发展的策略。

本书从整体结构上来看，从理论到实践，全面铺开论述，内容系统且有层次，涵盖了相当多的理论知识与设计方法，并在写作过程中更加突出了以下特点：一是内容上具有全面性，涵盖乡村振兴战略背景下的农业经济管理的多方面知识；二是在实践上的适应性，使读者在阅读的过程中产生立体感，在乡村振兴战略背景下的农业经济管理探析方面起到了指导性的作用，适合于各个阶段的人群；三是写作上的规范性，做到内容清晰、理论规范、章节合理、逻辑严谨；四是提出了乡村振兴战略背景下的农业经济管理的可持续性，大胆创新，认真实践，科学地阐述了今后的发展道路，给读者启示。

2024 年 5 月

目　录

第一章　乡村振兴战略的深刻理解 ………………………………… 1

　　第一节　乡村振兴战略的提出背景 ……………………………… 1
　　第二节　乡村振兴战略的内涵及意义 …………………………… 8
　　第三节　乡村振兴战略的特征与要求 …………………………… 20
　　第四节　乡村振兴战略的理论依据 ……………………………… 37

第二章　农业与农业经济管理初探 …………………………………… 52

　　第一节　农业的基础知识 ………………………………………… 52
　　第二节　农业经济管理的内涵及职能 …………………………… 57
　　第三节　农业经济管理的性质及目标 …………………………… 60
　　第四节　农业经济管理的一般内容 ……………………………… 64

第三章　乡村振兴战略背景下的农业经济管理策略 ………………… 69

　　第一节　乡村振兴战略背景下农业经济管理的意义 …………… 69
　　第二节　乡村振兴战略背景下农业经济管理的问题 …………… 73
　　第三节　乡村振兴战略背景下农业经济管理的优化 …………… 80

第四章　农业经济管理与推动乡村治理现代化 ……………………… 90

　　第一节　乡村治理现代化的目标及原则 ………………………… 90
　　第二节　农业新旧动能转换助力乡村治理现代化 ……………… 100
　　第三节　新型农村集体经济与乡村治理的互动耦合 …………… 108

第五章　农业经济管理与乡村文化传承研究 …… 116

第一节　乡村文化的内涵、特征及构成 …… 116
第二节　传统文化与现代农业经济发展的结合 …… 138
第三节　农村文化创意产业与农村经济发展的互动 …… 149
第四节　农耕文化传承与乡村旅游可持续发展 …… 155

第六章　农业经济管理与农村生态环境保护 …… 161

第一节　农村生态环境保护的现实基础 …… 161
第二节　农村生态环境保护对乡村振兴的助力 …… 168
第三节　农业机械化建设与农村生态环境保护 …… 175
第四节　农村生态环境改善与生态农业经济发展 …… 182

第七章　乡村振兴战略背景下的农业信息化发展 …… 188

第一节　农业信息化与农业经济发展 …… 188
第二节　农业经济管理中信息化技术的应用 …… 193
第三节　农业经济管理信息化发展及制约因素 …… 200
第四节　农业经济管理信息化水平的提升对策 …… 203

参考文献 …… 207

第一章 乡村振兴战略的深刻理解

第一节 乡村振兴战略的提出背景

一、乡村衰落的现实

(一) 乡村人口结构逐渐失衡

乡村人口的结构失衡是一个不容忽视的严峻现实。随着我国城镇化进程的加速推进,乡村地区的人口结构发生了深刻变化,具体表现为以下几个方面。

(1) 农业户籍人口减少：改革开放以来,大量农村青壮年劳动力为了寻求更好的就业机会和生活条件,纷纷涌向城市,导致乡村地区农业户籍人口持续减少。这一趋势使得乡村的农业生产面临劳动力短缺的问题,影响了农业的持续稳定发展。

(2) 老龄化问题凸显：随着农村青年人口的外流,乡村地区的老年人口比例相对上升,老龄化问题日益严重。老年人在体力和精力上逐渐衰退,难以承担繁重的农业生产任务,进一步加剧了乡村劳动力的短缺。

(3) 留守儿童与留守妇女现象：许多农村家庭为了生计,不得不将儿童留在家乡由老人照顾,年轻母亲则选择就近务工或随丈夫进城,形成了留守儿童与留守妇女现象。这不仅影响了儿童的健康成长和教育,也使得留守妇女在承担家庭责任的同时面临着经济和心理上的双重压力。

(4) 人口结构复杂化：乡村人口结构失衡还表现为人口构成的复杂化。随着城乡流动人口的增加,乡村地区出现了越来越多的外来务工人员和临时居住人口,这些人群在融入乡村社会的过程中,也带来了一系列的管理和服务挑战。

乡村人口结构的逐渐失衡,不仅影响乡村地区的经济发展和社会稳定,也对乡村振兴战略的实施提出了严峻挑战。因此乡村振兴战略的提出,旨在通过一系列政策措施，促进乡村人口的合理流动和分布，优化乡村人口结构，为乡村的全面振兴奠定坚实的人口基础。具体来说，包括加强农村基础设施建设、提高农业生产效益、吸引外出务工人员返乡创业就业、加强农村社会保障体系建设等，以改善乡村生产生活条件，提高乡村居民的幸福感和归属感。

（二）乡村生态环境逐步退化

随着经济社会的快速发展，乡村地区的生态环境面临着前所未有的挑战。乡村生态环境的逐步退化不仅影响到农业生产和农民生活质量，还威胁到整个区域的可持续发展。

1. 农业生产方式的粗放化

在过去的几十年里，乡村地区为了追求高产量，普遍采用了高强度的化肥和农药，这种粗放的农业生产方式对土壤和水资源造成了严重污染。长期的大量使用化肥和农药导致土壤板结、肥力下降，农作物的抗病能力减弱，生态系统失衡，生物多样性锐减。化肥和农药的残留物通过水流进入河流、湖泊，造成水体污染，威胁到水生生物和居民的饮用水安全。

2. 生活废弃物的无序处理

随着农村居民生活水平的提高，生活废弃物的种类和数量大幅增加。由于农村基础设施建设滞后，垃圾收集和处理系统不完善，生活废弃物往往被随意丢弃或焚烧。这种无序的废弃物处理方式不仅破坏了乡村的自然景观，还污染了空气和土壤，给居民的健康带来了隐患。

3. 工业污染的扩散

部分乡村地区为了追求经济利益，引入了一些高污染、高能耗的企业。这些企业在生产过程中排放大量的工业废水、废气和固体废弃物，对当地的空气、水源和土壤造成了严重污染。特别是在环境监管不力的情况下，工业污染更是难以得到有效控制，导致乡村生态环境不断恶化。

4. 自然资源的过度开发

乡村地区丰富的自然资源曾是其发展的重要支撑，随着人口增长和经济发展，对自然资源的过度开发现象日益严重。森林砍伐、湿地填埋、矿产资源无序开采等行为不仅破坏了生态平衡，还加剧了水土流失和土地沙化，进一步恶化了乡村生态环境。

5. 气候变化的影响

全球气候变化对乡村生态环境也产生了显著影响，极端天气事件频发，如洪水、干旱、台风等，对农业生产和基础设施造成了巨大破坏。同时气候变化还导致物种分布和生长周期发生变化，进一步打破了原有的生态平衡，使乡村生态环境面临更大的挑战。

6. 水资源短缺和污染

水资源短缺和污染问题在许多乡村地区已成为制约其发展的瓶颈，过度的地下水开采导致水位下降，河流湖泊的水质也因农业和工业污染而不断恶化。水资源的短缺不仅影响农业灌溉和居民用水，也威胁到当地的生态系统健康。

乡村生态环境的逐步退化是多种因素综合作用的结果，面对这一严峻现实，实施乡村振兴战略，改善乡村生态环境已成为当务之急。通过科学合理的农业生产方式、完善的废弃物处理系统、严格的环境监管以及合理的资源开发利用，可以有效遏制生态环境的退化趋势，促进乡村的可持续发展，实现经济、社会和环境的协调共进。

（三）乡村传统文化出现衰落现象

乡村传统文化是乡村社会的重要组成部分，它承载着乡村的历史记忆、价值观念、道德规范和生活方式。在现代化进程的冲击下，乡村传统文化面临着前所未有的挑战，出现了明显的衰落现象。

乡村传统文化的衰落主要表现在以下几个方面。

（1）传统文化传承断层：随着乡村社会的变迁，许多传统的文化习俗、民间艺术、手工艺技能等面临着失传的风险。年轻一代对传统文化的兴趣和认同感逐渐减弱，导致传统文化传承出现断层。这种断层不仅使得乡村文化的多样性受到损害，也使得乡村社会的文化根基变得薄弱。

（2）乡村文化生态破坏：在现代化进程中，乡村的文化生态遭到了严重破坏。传统的乡村建筑、历史遗迹、自然景观等被大量破坏或改造，失去了原有的文化韵味和乡村特色。同时乡村社会的文化活动也逐渐减少，使得乡村文化的生态环境变得日益贫瘠。

（3）乡村文化价值认同危机：在现代化浪潮的冲击下，乡村文化的价值认同面临着严重危机。许多乡村居民开始质疑传统文化的价值和意义，认为传统文化已经过时，无法适应现代社会的需求。这种价值认同的危机进一步加剧了乡村传统文化的衰落。

乡村传统文化的衰落对乡村社会产生了深远的影响。它不仅削弱了乡村社会的文化根基，也使得乡村居民的文化自信和归属感逐渐减弱。在这种情况下，乡村振兴战略的提出显得尤为迫切和重要。乡村振兴战略旨在通过一系列政策措施，促进乡村文化的传承和发展，重建乡村社会的文化根基。

为了实现这一目标，需要采取以下措施。

（1）加强传统文化传承和保护：政府和社会各界应加大对乡村传统文化的传承和保护力度，通过设立专项基金、加强文化遗产保护等方式，确保传统文化的延续和发展。

（2）培育乡村文化生态：我们应注重培育乡村文化的生态环境，通过恢复传统的乡村建筑、历史遗迹、自然景观等，打造具有乡村特色的文化环境。同时鼓励乡村居民积极参与文化活动，增强乡村社会的文化氛围。

（3）增强乡村文化价值认同：加强对乡村文化价值的宣传和引导，帮助乡村居民重新认识和理解传统文化的价值和意义。通过教育、媒体等多种渠道，提高乡村居民对传统文化的认同感和自豪感。

二、城乡基建发展有失平衡

随着中国经济的快速发展，城乡之间的基础设施建设差距日益显著。虽然城市在交通、教育、医疗等方面取得了长足进步，但乡村地区的基础设施发展相对滞后。这种不平衡不仅制约了乡村的经济社会发展，也加剧了城乡之间的差距，成为乡村振兴战略必须解决的关键问题。

（一）交通设施的巨大差距

交通基础设施是经济发展的命脉，对于城乡经济联系和资源流动具有重要作用。城乡交通基础设施的发展存在明显差距。

1. 道路建设滞后

乡村地区的道路建设明显滞后于城市，许多村庄的道路仍未实现硬化，尤其在偏远山区和贫困地区，通行条件十分艰难。泥泞的土路在雨季时更是难以通行，严重影响了农产品的运输和居民的出行。相比之下，城市的道路系统完善，交通便利，极大地促进了经济活动的频繁开展。

2. 公共交通缺失

乡村地区的公共交通系统建设不足，许多村庄缺乏公交线路和班车服务，居民出行只能依赖私家车或步行，出行成本高且不便。这种交通不便限制了乡村人口的流动性，影响了劳动力的转移和外来人口的流入，进一步加剧了乡村经济的封闭性和落后性。

（二）教育资源的不均衡分布

教育是促进社会公平和经济发展的重要手段，但城乡教育资源的分配存在显著差异。

1. 师资力量薄弱

乡村学校的师资力量普遍薄弱，教师数量不足，素质参差不齐。许多优秀教师更愿意留在城市或较发达的地区，导致乡村学校师资流失严重。与城市学校相比，乡村学校在教学质量和教育资源上明显处于劣势，难以为学生提供优质的教育服务。

2. 教育设施落后

乡村学校的硬件设施普遍落后，教学楼、实验室、图书馆等基础设施陈旧，设备缺乏。许多学校甚至缺乏基本的教学工具和现代化教学设备，学生的学习环境和学习条件难以与城市学校相比。这种设施上的差距直接影响了教育质量和学生的学习效果。

（三）医疗服务的差异化

医疗服务水平直接关系到居民的健康和生活质量，但城乡医疗资源的分布极不均衡。

1. 医疗机构不足

乡村地区的医疗机构数量少，医疗设施简陋，许多村庄缺乏正规的医疗服务点。居民在生病时往往只能依靠乡村医生或远赴城市就医，极大地增加了就医成本和时间成本，影响了医疗服务的可及性和及时性。

2. 医疗人员短缺

乡村地区的医疗人员普遍短缺，医疗队伍素质参差不齐。由于待遇低、工作环境差，乡村医疗机构难以吸引和留住优秀的医生和护士。与城市大医院相比，乡村医疗机构的服务能力和水平差距巨大，难以满足居民日益增长的医疗需求。

(四)公共服务的差距

公共服务是保障居民基本生活的重要方面,但城乡公共服务的差距依然显著。

1. 公共设施不完善

乡村地区的公共设施建设滞后,供水、供电、通讯等基础设施不完善。许多乡村仍然面临饮用水安全、用电不稳定和网络覆盖不足的问题,严重影响了居民的生活质量和生产活动的开展。

2. 社会保障缺失

乡村居民的社会保障水平较低,养老、医疗和失业保险覆盖面不足。与城市居民相比,乡村居民在享受社会保障方面处于劣势,生活风险较高,缺乏基本的生活保障,难以应对突发事件和老龄化问题。

城乡基建发展的失衡不仅制约了乡村经济的进一步发展,也影响了社会的公平与稳定。交通设施的滞后、教育资源的不足、医疗服务的差距和公共服务的缺失,都是当前乡村振兴过程中亟待解决的问题。为实现乡村振兴战略的目标,必须加大对乡村基础设施的投入,改善乡村居民的生活条件,促进城乡资源的均衡配置。

三、乡村已具备振兴的基础与条件

乡村振兴战略,作为国家层面的重大战略部署,其提出并非空穴来风,而是基于乡村已具备的一系列振兴基础与条件。这些基础与条件,如同乡村振兴的"种子",在国家政策的浇灌下,有望绽放出繁茂的"乡村振兴之花"。

(一)乡村资源禀赋的独特性

乡村,作为大自然的馈赠,拥有着得天独厚的资源禀赋。广袤的土地、丰富的水资源、多样的生物种类,以及独特的自然景观和人文景观,都构成了乡村独特的资源优势。这些资源,不仅是乡村经济发展的基础,也是乡村振兴的重要支撑。

在乡村振兴战略的背景下,乡村资源的独特性得到了进一步的挖掘和利用。通过发展特色农业、乡村旅游等产业,乡村资源被转化为经济优势,为乡村振兴注入了新的活力。

(二) 乡村产业结构的多元化

随着经济的发展和社会的进步，乡村产业结构也在不断地调整和优化。传统的农业产业在保持稳定发展的同时乡村工业、服务业等新兴产业也蓬勃兴起。这种多元化的产业结构，不仅提高了乡村经济的抗风险能力，也为乡村振兴提供了更多的产业支撑。

在乡村振兴战略的推动下，乡村产业结构的多元化趋势将进一步加强。通过发展现代农业、乡村工业、乡村旅游等产业，乡村经济将形成更加多元化、更加具有竞争力的产业结构。

(三) 乡村社会治理的创新性

乡村社会治理的创新性是乡村振兴的重要动力。在乡村振兴战略的背景下，乡村社会治理模式正在发生深刻的变化。传统的以政府为主导的治理模式正在向政府、市场、社会多元共治的模式转变。这种创新性的治理模式，不仅提高了乡村社会治理的效率和效果，也为乡村振兴提供了更加有力的制度保障。

乡村社会治理的创新性还体现在乡村文化的传承和发展上，通过挖掘和传承乡村文化，乡村社会治理将更加注重人文关怀和精神引领，为乡村振兴提供更加深厚的文化底蕴。

(四) 乡村人才队伍的壮大

乡村人才队伍的壮大是乡村振兴的重要保障。在乡村振兴战略的背景下，越来越多的优秀人才选择回到乡村，投身到乡村振兴的伟大事业中。这些人才不仅带来了先进的理念和技术，也为乡村经济的发展注入了新的活力。政府和社会各界也在加大对乡村人才的培养和引进力度，通过设立专项基金、提供优惠政策等方式，吸引更多的优秀人才投身到乡村振兴的事业中；将为乡村振兴提供更加坚实的人才支撑。

综上所述，乡村已具备振兴的基础与条件。乡村资源的独特性、产业结构的多元化、社会治理的创新性以及人才队伍的壮大，都为乡村振兴提供了有力的支撑和保障。在乡村振兴战略的推动下，这些基础与条件将得到进一步的挖掘和利用，为乡村的全面振兴奠定坚实的基础。

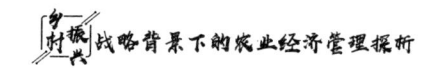

第二节　乡村振兴战略的内涵及意义

一、乡村振兴战略的内涵

乡村振兴战略是中国新时代背景下的一项重大国家战略，它旨在通过多方面的努力，实现农业强、农村美、农民富的目标，促进城乡一体化发展。这一战略不仅关乎农业经济的提升和农村社会的发展，更是整个国家经济社会全面进步的重要组成部分。[1]

（一）乡村振兴战略的主体

乡村振兴战略作为中国新时代背景下的重要发展战略，旨在全面提升乡村地区的经济、社会、文化和生态水平，实现城乡共同繁荣。其内涵涵盖了多方面的内容，而主体是其中的核心要素。主体主要包括以下几个方面。

1. 农民主体

农民是乡村振兴的核心主体，乡村振兴战略强调要坚持以人为本，以农民为主体，充分调动农民的积极性、主动性和创造性。通过提高农民的生产生活水平，增强其幸福感和获得感，推动乡村全面发展。

（1）农民收入水平的提升

提高农民收入是乡村振兴战略的首要任务。通过推动农业现代化，提升农产品附加值，促进农村二、三产业发展，增加农民收入来源。同时推动农村土地制度改革，保障农民土地权益，激发农民增收动力。

（2）农民素质的提高

提升农民素质是乡村振兴的重要内容。通过加强农村教育，提高农民文化素质和技能水平，增强其市场适应能力和创新能力。同时注重农民的思想道德建设，培育新型职业农民，促进农民整体素质的提高。

2. 农村集体经济组织

农村集体经济组织在乡村振兴中发挥着重要的组织和协调作用。通过发展壮

---

[1] 万信，龙迎伟. 论乡村振兴战略的基本内涵、价值及实现理路［J］. 江苏农业科学，2018，（17）：327.

大农村集体经济组织,增强其服务功能,提升其在乡村振兴中的地位和作用。

(1) 集体经济的壮大

发展壮大农村集体经济,增强其经济实力和服务能力。通过土地流转、股份合作、产业化经营等方式,提升集体经济的市场竞争力,增加集体经济收益,为乡村振兴提供资金支持。

(2) 服务功能的提升

增强农村集体经济组织的服务功能,提高其在农业生产、农产品销售、技术推广等方面的服务能力。通过提供技术指导、市场信息、金融服务等,支持农民生产经营,推动乡村经济发展。

3. 政府主体

政府在乡村振兴中扮演着重要的引导和支持角色。通过制定政策、加大投入、提供公共服务等方式,支持乡村振兴战略的实施,推动乡村全面发展。

(1) 政策支持

政府通过制定和实施各项支持政策,为乡村振兴提供制度保障。包括土地制度改革、金融支持、税收优惠、产业扶持等政策,推动乡村各项事业的发展。

(2) 资金投入

加大对乡村振兴的资金投入,支持农村基础设施建设、农业现代化、公共服务提升等方面。通过财政资金的引导作用,吸引社会资本参与乡村振兴,形成多元化的投入机制。

(3) 公共服务

提升农村公共服务水平,提高农村教育、医疗、文化、社保等公共服务的质量和覆盖面。通过完善农村基础设施,改善农村人居环境,提升农村居民的生活质量。

4. 社会力量

社会力量在乡村振兴中发挥着重要的补充作用。包括企业、社会组织、志愿者等,通过参与乡村建设,提供资金、技术、管理等支持,推动乡村发展。

(1) 企业参与

鼓励和引导企业参与乡村振兴,通过产业带动、项目投资、技术支持等方式,促进农村经济发展。同时推动农村一二三产业融合发展,提升农业产业链价值。

（2）社会组织和志愿者

社会组织和志愿者在乡村振兴中发挥着积极作用。通过组织各类公益活动，提供教育、医疗、文化等服务，促进农村社会事业的发展，增强农村社区的凝聚力和活力。

乡村振兴战略的主体方面涵盖了农民、农村集体经济组织、政府和社会力量等多方主体。通过发挥各主体的作用，形成合力，推动乡村经济社会的全面振兴。农民作为核心主体，其收入水平和素质的提升是乡村振兴的关键。农村集体经济组织作为重要的组织者和协调者，政府作为政策制定者和支持者，社会力量作为重要的参与者和补充者，共同构成了乡村振兴战略的主体框架。通过多方主体的协同合作，全面提升乡村地区的发展水平，实现城乡共同繁荣的目标。

（二）乡村振兴战略的发展客体

乡村振兴战略的发展客体，主要指向乡村产业、乡村文化、乡村生态以及乡村治理等关键领域，这些领域构成了乡村振兴战略实施的主要对象和着力点。

（1）乡村产业振兴：乡村产业振兴是乡村振兴的核心。它要求通过深化农业供给侧结构性改革，推动农业产业结构优化升级，提高农业综合生产能力和竞争力。这包括发展现代农业，推广绿色农业、有机农业等新型农业模式，提高农产品质量和附加值；同时促进农村一二三产业融合发展，延长农业产业链，增加农民收入来源。乡村产业振兴不仅关注农业生产本身，更强调通过产业发展带动乡村经济的全面振兴。

（2）乡村文化振兴：乡村文化是乡村振兴的灵魂。它承载着乡村的历史记忆、价值观念、道德规范和生活方式，是乡村社会凝聚力和认同感的重要来源。乡村文化振兴要求深入挖掘和保护乡村文化遗产，传承和发展乡村优秀传统文化；同时加强乡村公共文化建设，提高农民文化素质和文明程度，培育文明乡风、良好家风、淳朴民风。通过乡村文化振兴，可以激发农民的文化自信和文化自觉，为乡村振兴提供强大的精神动力。

（3）乡村生态振兴：乡村生态振兴是乡村振兴的基础。它强调在保护生态环境的前提下推动乡村经济发展，实现人与自然的和谐共生。乡村生态振兴要求加强农村生态环境保护，推进农村环境综合整治，改善农村人居环境；同时发展绿色农业、生态农业等可持续农业模式，减少化肥农药使用量，保护耕地和水资源。通过乡村生态振兴，可以打造生态宜居的美丽乡村，为农民提供更加健康、舒适的生活环境。

（4）乡村治理振兴：乡村治理振兴是乡村振兴的保障。它要求建立健全自治、法治、德治相结合的乡村治理体系，提高乡村治理能力和水平。这包括加强农村基层党组织建设，发挥基层党组织的战斗堡垒作用；加强农村法治建设，提高农民的法律意识和法治观念；加强农村道德建设，弘扬社会主义核心价值观和中华优秀传统文化。通过乡村治理振兴，可以构建和谐稳定的乡村社会，为乡村振兴提供有力的组织保障和社会环境。

综上所述，乡村振兴战略的发展客体方面涵盖了乡村产业、乡村文化、乡村生态和乡村治理等多个领域。这些领域相互关联、相互促进，共同构成了乡村振兴战略实施的主要对象和着力点。通过在这些领域持续发力、综合施策，可以推动乡村全面振兴，实现农业强、农村美、农民富的美好愿景。

（三）乡村振兴战略的实现方式

乡村振兴战略的实现方式是推动乡村全面发展的关键环节。通过系统性的政策措施和具体的实施路径，乡村振兴战略可以切实提高乡村的经济、社会和生态水平。

1. 产业振兴

（1）农业现代化

推动农业现代化是乡村振兴的基础。通过科技创新和技术推广，提高农业生产效率和质量。发展智能农业、精准农业，采用先进的农机装备和信息化技术，实现农业生产的智能化、机械化和信息化。同时加强农业科研，推广优良品种，提高农产品的市场竞争力。

（2）农村一二三产业融合

促进农村一二三产业融合发展，提升农业的综合效益。通过发展农产品加工和流通业，延长农业产业链，增加附加值。同时推动休闲农业、乡村旅游、农家乐等新兴产业发展，实现农业与旅游、文化、健康等产业的深度融合，打造多元化的农村经济体系。

（3）特色产业发展

因地制宜，发展乡村特色产业。根据不同地区的资源禀赋和市场需求，培育和发展特色农业、特色加工业和特色服务业。打造区域品牌，提升产品附加值和市场知名度，推动区域经济的协调发展。

2. 生态振兴

(1) 生态环境保护

加强乡村生态环境保护，促进绿色发展。实施乡村绿化美化工程，保护和修复农村自然生态系统。推行生态农业，减少农药化肥使用，保护土壤和水源环境。推进农村生活垃圾和污水处理，改善农村人居环境，建设生态宜居美丽乡村。

(2) 生态产业发展

发展生态友好型产业，实现经济效益与生态效益双赢。推广有机农业、循环农业，发展生态旅游、生态养殖等绿色产业，提升农村经济的可持续发展能力。通过生态补偿机制，激励农民保护生态环境，推动生态经济的发展。

3. 文化振兴

(1) 乡村文化传承

保护和传承乡村文化遗产，弘扬传统文化。挖掘和整理乡村历史文化资源，保护古村落、传统民居和文化古迹。支持乡村文艺活动，传承传统技艺，增强乡村文化自信和认同感。

(2) 乡村文化创新

促进乡村文化创新与发展，提升文化软实力。支持乡村文艺创作和文化产业发展，鼓励文化创新和多元化发展。建设乡村文化设施，丰富乡村文化生活，提升乡村居民的文化素质和精神面貌。

4. 组织振兴

(1) 基层党组织建设

加强乡村基层党组织建设，发挥党的领导核心作用。提高村党组织的战斗力和凝聚力，培养和选拔优秀农村基层干部。通过党建引领，推动乡村各项事业的发展，增强农村基层治理能力。

(2) 乡村治理体系完善

完善乡村治理体系，提升乡村治理水平。建立健全村级自治组织，完善村规民约，推进村务公开和民主管理。加强农村法律法规宣传教育，提高农民法治素养和依法维权能力，构建和谐稳定的乡村社会。

5. 人才振兴

(1) 人才引进与培养

加大乡村人才引进和培养力度，为乡村振兴提供智力支持。通过政策激励，吸引城市优秀人才、返乡创业青年和科技人员到农村工作。加强乡村教师、医生和农业技术人员的培养，提高乡村人才队伍的整体素质和服务能力。

(2) 农民技能提升

开展农民职业技能培训，提高农民综合素质。实施农民素质提升工程，提供农业技术、经营管理、电子商务等方面的培训，增强农民的就业创业能力和市场竞争力，促进农民全面发展。

乡村振兴战略的实现方式多种多样，涵盖了产业、生态、文化、组织和人才等多个方面。通过产业振兴，提高农村经济水平；通过生态振兴，改善农村生态环境；通过文化振兴，增强乡村文化自信；通过组织振兴，提升乡村治理能力；通过人才振兴，为乡村发展提供智力支持。只有多措并举，综合施策，才能全面推进乡村振兴，实现乡村经济社会的协调发展。

（四）乡村振兴战略的最终旨向

乡村振兴战略的最终旨向，不仅仅是对乡村经济、社会、文化的全面振兴，更是为了构建一个农业强、农村美、农民富的新时代乡村图景，实现城乡融合发展，推动中国经济社会的全面进步。这一战略目标的设定，深刻体现了党对"三农"工作的高度重视和对乡村未来发展的深远考量。

1. 农业强：现代农业体系的构建

乡村振兴战略的最终旨向之一，是实现农业的强大。不仅仅意味着农业生产总量的提升，更强调农业质量的飞跃和农业体系的现代化。通过推进农业供给侧结构性改革，优化农业产业结构，提升农业科技水平，促进农业与二三产业的深度融合，打造高效、绿色、智能的现代农业体系。在这个过程中，农业将成为有奔头的产业，农民将成为有吸引力的职业，农村将成为安居乐业的美好家园。

农业强的实现，需要注重以下几个方面：一是加强农业科技创新，提高农业生产的科技含量和附加值；二是推进农业绿色发展，保护生态环境，实现农业可持续发展；三是深化农业供给侧结构性改革，满足市场多样化、个性化需求；四是促进农村一二三产业融合发展，延长农业产业链，提高农产品附加值。

2. 农村美：宜居宜业乡村环境的营造

乡村振兴战略的最终旨向之二，是打造宜居宜业的乡村环境。这要求我们在推进农村经济发展的同时注重农村生态环境的保护和改善，提升农村基础设施和公共服务水平，营造美丽和谐的乡村生活空间。通过加强农村环境综合整治、推进农村基础设施建设、提升农村公共服务水平等措施,让农村成为人人向往的宜居之地。

农村美的实现,需要注重以下几个方面:一是加强农村生态环境保护,推进农村生活污水、垃圾治理,改善农村人居环境;二是加强农村基础设施建设,提高农村道路、供水、供电、通讯等基础设施水平;三是提升农村公共服务水平,加强农村教育、医疗、文化等公共服务设施建设,提高农民生活质量。

3. 农民富:农民生活水平的全面提升

乡村振兴战略的最终旨向之三,是实现农民生活水平的全面提升。这要求我们在推进农业强和农村美的同时注重增加农民收入、提高农民素质、保障农民权益,让农民共享改革发展成果。通过发展乡村产业、促进农民就业创业、加强农民教育培训等措施,让农民有更多的获得感和幸福感。

农民富的实现,需要注重以下几个方面:一是发展乡村产业,增加农民收入来源;二是促进农民就业创业,拓宽农民增收渠道;三是加强农民教育培训,提高农民素质和就业能力;四是保障农民权益,完善农村社会保障体系,让农民老有所养、病有所医、住有所居。

4. 城乡融合:构建新型城乡关系

乡村振兴战略的最终旨向之四,是推动城乡融合发展。这要求我们在推进乡村振兴的过程中,注重城乡之间的互联互通和资源共享,打破城乡二元结构壁垒,促进城乡要素自由流动和平等交换。通过加强城乡基础设施建设、公共服务体系建设、产业协同发展等措施,推动城乡融合发展取得新成效。

城乡融合的实现,需要注重以下几个方面:一是加强城乡基础设施建设互联互通,提高城乡基础设施一体化水平;二是加强城乡公共服务体系建设均衡化,提高农村公共服务供给能力和质量;三是加强城乡产业协同发展互补性,促进城乡产业融合发展和转型升级;四是加强城乡社会治理协同性,推动城乡社会治理体系和治理能力现代化。

二、乡村振兴战略的意义

乡村振兴战略不仅是中国现代化进程中的一项重要举措,更是实现中华民族伟大复兴的关键环节。中国的乡村作为中华民族的根基,其兴衰直接关系到国家的整体发展和民族的长远未来。

（一）乡村振兴是实现中华民族伟大复兴的历史使命

1. 解决"三农"问题，促进社会稳定

"三农"问题（农业、农村、农民）一直是中国经济社会发展的重中之重。长期以来，农村发展滞后、农民收入低、农业生产效率不高等问题严重制约了中国的全面发展。乡村振兴战略旨在全面解决这些问题，通过提高农民收入、改善农村基础设施、促进农业现代化等措施，缩小城乡差距，增强社会的整体稳定性和和谐性。社会稳定是国家发展的基础，只有解决好"三农"问题，才能确保社会的长治久安。

2. 实现城乡协调发展，促进共同富裕

城乡发展不平衡是中国经济发展中的一个突出问题。城市化进程的加快虽然带动了经济增长，但也导致了城乡之间的巨大差距。乡村振兴战略通过提升乡村经济发展水平、改善乡村生活条件、促进城乡资源均衡配置，推动城乡协调发展，为实现共同富裕奠定坚实基础。城乡协调发展不仅能够提高整体经济效益，还能促进社会公平和共同富裕，最终实现全体人民共享发展成果的目标。

3. 保持文化传承，增强民族认同

乡村是中华民族传统文化的发源地和传承地。许多优秀的传统文化、习俗和价值观在乡村中得以保留和延续。乡村振兴战略注重文化振兴，通过保护和传承乡村文化遗产，弘扬优秀传统文化，增强人民的文化自信和民族认同感。保持文化传承不仅有助于维护民族文化的多样性和独特性，还能为现代化建设提供精神动力和文化支撑，提升国家的软实力。

4. 提升生态文明，构建美丽中国

乡村拥有丰富的自然资源和独特的生态环境，是生态文明建设的重要组成部分。乡村振兴战略强调绿色发展，通过推动生态农业、保护自然资源、改善农村生态环境，实现经济效益、社会效益和生态效益的有机统一。提升生态文明水平，不仅能够改善人民的生活质量，还能推动绿色发展模式的形成，为建设美丽中国贡献力量。生态文明是实现中华民族永续发展的重要保障，是全面建成美丽中国的重要内容。

5. 提供农业保障，维护国家粮食安全

农业是国民经济的基础，粮食安全是国家安全的重要组成部分。乡村振兴战略通过推动农业现代化、提升农业生产能力、保障农产品供应链稳定，确保国家粮食安全和重要农产品有效供给。维护国家粮食安全，不仅有助于稳定市场预期和价格水平，还能增强国家的自主发展能力和国际竞争力。确保粮食安全是国家繁荣稳定的基础，是实现中华民族伟大复兴的重要保障。

乡村振兴战略的实施具有深远的历史意义和现实意义。它不仅是解决"三农"问题、促进社会稳定和谐的重要举措，更是实现城乡协调发展、共同富裕的重要途径。通过保持文化传承，提升生态文明，提供农业保障，乡村振兴战略为实现中华民族伟大复兴奠定了坚实基础。只有通过全面推进乡村振兴，才能实现城乡共同繁荣和发展，最终实现中华民族的伟大复兴。乡村振兴战略的意义不仅在于改善乡村的经济和社会面貌，更在于推动整个国家的现代化进程，确保中华民族在新时代实现更大的辉煌。

（二）乡村振兴是建设社会主义现代化国家的必然要求

乡村振兴战略，作为新时代中国农村发展的总战略，其深远意义不仅在于促进农村经济的繁荣与社会的和谐，更在于它是建设社会主义现代化国家的必然要求。这一战略的实施，对于推动国家现代化进程、实现城乡融合发展、保障国家粮食安全、促进生态文明建设等方面都具有不可替代的作用。

乡村振兴是推进国家现代化的重要组成部分。现代化是一个全面而系统的过程，不仅涉及城市的经济、社会、文化等各个方面，也涵盖农村的全面发展。乡村振兴战略的提出和实施，正是为了补齐农村发展的短板，推动城乡发展一体化，从而实现国家的全面现代化。通过乡村振兴战略，可以加快农村基础设施建设，提升农业生产效率，改善农村人居环境，提高农民生活水平，为国家的现代化进程奠定坚实基础。

乡村振兴是实现城乡融合发展的关键举措。长期以来，城乡发展不平衡、不协调是我国经济社会发展面临的一个突出问题。乡村振兴战略的实施，有助于打破城乡二元结构，促进城乡要素自由流动和平等交换，推动公共资源在城乡间均衡配置。通过加强城乡产业协同发展、完善城乡公共服务体系、推进城乡社会治理一体化等措施，可以实现城乡融合发展，缩小城乡差距，促进城乡共同繁荣。

乡村振兴是保障国家粮食安全的重要途径。农业是国民经济的基础产业，粮食安全是国家安全的重要基石。乡村振兴战略的实施，有利于加强农业基础设施建设，提高农业生产能力和水平，保障国家粮食供给安全。通过推进农业科技创新、加强农业品牌建设、提高农产品质量和附加值等措施，可以增强我国农业的国际竞争力，保障国家粮食安全的主动权。

乡村振兴是促进生态文明建设的重要支撑。生态文明建设是新时代中国特色社会主义事业的重要内容之一。乡村振兴战略的实施，有利于推动农村生态环境保护和修复，促进农业绿色发展、循环发展、低碳发展。通过加强农村污水垃圾处理、推进农业面源污染防治、发展生态农业和乡村旅游等措施，可以实现农村生态环境的改善和农村生态文明的建设，为国家的生态文明建设贡献力量。

综上所述，乡村振兴是建设社会主义现代化国家的必然要求。它不仅关系到农村自身的繁荣与发展，更关系到国家的整体现代化进程和全面建设社会主义现代化国家的宏伟目标。因此必须深刻认识乡村振兴战略的重要意义，积极投身到这一伟大事业中去，为实现中华民族伟大复兴的中国梦贡献智慧和力量。

（三）乡村振兴是新时期乡村发展的关键举措

乡村振兴战略作为新时代中国特色社会主义的重要内容，具有全局性、系统性和长期性，是推动乡村发展的关键举措。它不仅关系到农民的福祉和乡村的繁荣，更直接影响到国家的整体发展和社会的长治久安。

1. 推动农业现代化，提升乡村经济水平

（1）农业科技创新：农业现代化是乡村振兴的基础和核心。通过推动农业科技创新，推广先进的农业技术和管理模式，提高农业生产效率和质量。农业科技的进步不仅能显著提高农产品的产量和品质，还能降低生产成本，增加农民收入。例如智能农业、精准农业和有机农业等现代农业技术的应用，能够有效解决传统农业中的低效率和高污染问题，实现农业的绿色发展。

（2）农业产业化：推进农业产业化，延长农业产业链，增加农产品的附加值，是提升乡村经济水平的重要途径。通过发展农产品加工、流通和销售环节，促进农业与二、三产业的融合，形成农业全产业链，提高农业的市场竞争力。乡村振兴战略鼓励发展农产品深加工、特色农业和品牌农业，推动乡村经济多元化发展，增强乡村经济的可持续发展能力。

2. 改善农村基础设施，提升居民生活质量

（1）交通运输：完善乡村交通运输基础设施，改善道路通行条件，提升物流效率，是乡村发展的重要前提。通过修建和改造农村公路，建立完善的交通网络，方便农产品的运输和流通，促进城乡经济的联动发展。同时改善农村居民的出行条件，提高生活便利性。

（2）公共服务：加强农村公共服务设施建设，提高教育、医疗、文化和社会保障等公共服务的覆盖面和质量，是提升居民生活质量的重要举措。通过建设乡村学校、医院、文化中心和养老服务机构，满足农村居民的基本生活需求，增强他们的幸福感和获得感。

3. 保护生态环境，促进可持续发展

（1）生态保护：乡村振兴战略注重生态环境保护，倡导绿色发展理念。通过实施农村环境综合整治，加强水土保持、植被恢复和污染治理，保护乡村生态环境。生态环境的改善不仅有助于提高农村居民的生活质量，还能吸引旅游和生态产业的发展，推动乡村经济的多元化。

（2）绿色农业：推广绿色农业，减少农业生产对环境的负面影响，是实现可持续发展的重要途径。通过减少农药、化肥的使用，推广有机农业和生态农业，保护土壤和水源，保持农业生态系统的平衡和健康。绿色农业不仅能提高农产品的质量和安全性，还能提升农产品的市场竞争力，增加农民收入。

4. 传承乡村文化，增强文化自信

（1）文化保护：乡村是中华民族传统文化的发源地和重要传承地。乡村振兴战略重视保护和传承乡村文化，通过挖掘、整理和保护乡村历史文化遗产，弘扬优秀传统文化，增强乡村居民的文化自信和认同感。文化的传承和弘扬不仅能提升乡村的文化软实力，还能吸引文化旅游，促进乡村经济发展。

（2）文化创新：推动乡村文化创新，丰富乡村文化生活，是乡村振兴的重要内容。通过支持乡村文艺创作、发展文化产业、开展文化活动，激发乡村文化的创新活力，提升乡村居民的文化素质和精神面貌。文化创新不仅能丰富乡村居民的精神生活，还能增强乡村的吸引力和活力，促进乡村的全面振兴。

5. 完善乡村治理，增强治理能力

（1）基层党组织建设：加强乡村基层党组织建设，发挥党的领导核心作用，是实现乡村振兴的重要保障。通过提升村党组织的战斗力和凝聚力，培养和选拔优秀农村基层干部，推动乡村各项事业的发展，增强农村基层治理能力。

（2）乡村治理体系：完善乡村治理体系，提升乡村治理水平，是实现乡村振兴的重要措施。通过建立健全村级自治组织，完善村规民约，推进村务公开和民主管理，加强农村法律法规宣传教育，提高农民法治素养和依法维权能力，构建和谐稳定的乡村社会。

乡村振兴战略是新时期乡村发展的关键举措，通过推动农业现代化、改善农村基础设施、保护生态环境、传承乡村文化和完善乡村治理，全面提升乡村的经济、社会和生态水平。实现乡村振兴不仅能改善农民的生活条件，缩小城乡差距，促进社会公平，还能增强国家的整体发展能力和国际竞争力。通过乡村振兴战略的实施，推动乡村全面发展，最终实现中华民族的伟大复兴。

（四）乡村振兴是新时期农业农村现代化的有效途径

乡村振兴战略，作为新时代中国农村发展的顶层设计，其深远意义不仅体现在对农村经济的提振和对社会结构的优化上，更在于它是推动新时期农业农村现代化的有效途径。这一战略的实施，为农业农村现代化注入了新的动力，指明了前进的方向。

乡村振兴战略的提出，是对我国农业农村发展现状的深刻反思和积极应对。长期以来，我国农业农村发展面临着诸多挑战，如农业生产力水平不高、农村基础设施薄弱、农民收入增长缓慢等。这些问题的存在，严重制约了农业农村现代化的进程。而乡村振兴战略的实施，正是为了破解这些难题，推动农业农村实现全面发展和现代化。

乡村振兴战略为农业农村现代化提供了有力的政策保障。通过制定一系列优惠政策和扶持措施，如加大财政投入、优化金融服务、完善土地政策等，为农业农村发展提供了强有力的支持。这些政策的实施，不仅改善了农业农村的生产生活条件，还激发了农民群众的积极性和创造力，为农业农村现代化奠定了坚实的基础。

乡村振兴战略推动了农业农村产业结构的优化升级。通过发展现代农业、培育新兴产业、加强农村三产业融合发展等措施，促进了农业农村产业结构的调整和升级。这不仅提高了农业生产的效益和竞争力，还拓宽了农民的收入来源，为农业农村现代化提供了有力的产业支撑。

乡村振兴战略还注重提升农业农村的科技创新能力和人才支撑。通过加强农业科技研发和推广、培养新型职业农民等措施，提高了农业农村的科技水平和人才素质。这为农业农村现代化提供了强大的智力支持和人才保障。

综上所述，乡村振兴战略是新时期农业农村现代化的有效途径。它的实施不仅为农业农村发展注入了新的动力，还为农业农村现代化指明了前进的方向。

第三节 乡村振兴战略的特征与要求

一、乡村振兴战略的特征

(一) 创新性

实施乡村振兴战略是在以往乡村发展建设理论基础上的战略升级,从城乡统筹、城乡一体化发展到城乡融合,从农业优先发展转变为农业农村优先发展,从新农村建设、美丽乡村建设到乡村振兴。乡村振兴战略思想对新时代城乡关系进行科学定位,突破原有思路和举措的限制,将"三农"工作放到优先位置,首次提出农业农村现代化和乡村治理思想,强调农民的主体地位,注重构建乡村振兴规划体系、优化政策体系、发展动力体系等,全面体现了乡村振兴战略的时代创新性。

1. 创新乡村发展理念

乡村振兴战略的核心在于创新,而创新的首要任务便是更新和深化乡村发展理念。这一创新性特征体现在对乡村发展路径、模式、机制等多个层面的深刻反思与前瞻规划上,旨在从根本上打破传统束缚,激发乡村发展的内生动力。

乡村振兴战略强调以人为本的发展理念,传统乡村发展往往侧重于经济增长和物质积累,而忽视了人的全面发展。乡村振兴战略则明确提出,乡村发展的根本目的是为了满足农民群众对美好生活的向往,促进人的全面发展。这一理念转变,要求在推进乡村发展的过程中,不仅要关注经济指标的提升,更要注重提升农民的生活品质、文化素养和社会地位,让农民成为乡村发展的真正受益者。

乡村振兴战略倡导绿色发展的理念。面对资源约束趋紧、环境污染严重、生态系统退化的严峻形势,乡村振兴战略将绿色发展作为重要原则,强调在保护生态环境的前提下推动乡村经济发展。在乡村产业发展、基础设施建设、农业生产方式等方面,积极采用绿色技术、推广绿色模式、实施绿色管理,实现经济效益与生态效益的双赢。

再者,乡村振兴战略注重协调发展的理念。城乡发展不平衡、不协调是我国经济社会发展面临的一个突出问题。乡村振兴战略强调要打破城乡二元结构壁垒,促进城乡要素自由流动和平等交换,推动公共资源在城乡间均衡配置。

乡村振兴战略还体现了开放共享的发展理念。在全球化背景下，任何一个地区的发展都不可能孤立进行。乡村振兴战略鼓励乡村地区积极融入全国乃至全球发展大局，通过开放合作引进先进技术、管理经验和市场资源，提升乡村发展的竞争力和可持续性。同时乡村振兴战略还强调发展成果的共享性，要求让广大农民群众在乡村发展中获得更多实惠和福祉。

2. 创新乡村发展动力

乡村振兴战略创新乡村发展动力机制，有效发挥各个社会主体的主观能动性。从经营制度创新方面、科技创新方面、根本利益驱动、精神文化驱动、改革创新驱动等方面推动乡村振兴战略，激活农村发展要素。

一是经营制度创新方面，处理好农民与土地的关系，坚持和完善农村基本经营制度，强调新型经营主体和适度规模经营是农业转方式、调结构、走向现代化的引领力量，积极培育家庭农场、种养大户、合作社、农业企业等新型主体，推行土地入股、土地流转、土地托管、联耕联种等多种经营方式，提高农业适度规模经营水平。

二是科技创新方面，发挥科技创新引领作用，优化提升农业生产力布局来有效推进农业结构调整，加快农业转型升级，促进互联网技术、智能化技术、物联网技术等现代技术与农业农村生产、生活、生态的密切融合，让农民积极参与现代科技的创新创造活动，发展智慧农业、数字农业、精细农业，享受现代科技成果，运用现代科技成果实现乡村振兴，从根本上解决中国粮食安全问题和产业发展质量问题，提高农业发展竞争力。

三是根本利益驱动方面，在农村创新发展中通过体制机制鼓励各个社会主体参与乡村振兴事业，参与经济活动，获取应得利益，释放出改革红利、政策红利、生态红利、资本红利等，激发获益者参与热情。

四是精神文化驱动方面，乡村振兴战略强调精神文化的支撑和动力作用，充分整合利用农村的传统文化、革命文化、红色文化，以乡土文化为根基建设农村先进文化，形成独特的创新乡土文化优势，大力弘扬和践行社会主义核心价值观，倡导新风尚、新风气，增强乡村文化软实力，使之成为乡村振兴的内在动力和重要保证。

五是改革创新驱动方面，在农村土地制度、农村集体产权制度、新型农业经营主体培育等重点领域的改革创新方面取得新成效，在人才支持、金融服务、科技支撑等重要环节求得新突破，以改革破解发展瓶颈和现实难题。

（二）科学性

1. 强化科学规划

乡村振兴是全方位、全领域的整体性振兴。首先是规划先行，设计系统的乡村振兴战略规划，充分考虑地区部门发展差异和不同情况，坚持一切从实际出发，根据实际条件和发展需要再重点有步骤采取措施，解决突出问题和矛盾。乡村振兴涉及产业发展、生态保护、政治建设、乡村治理、文化建设、人才培养、基层组织建设等诸多方面，只有这些方面都得到发展，乡村才能变得有活力、有潜力，乡村才能真正振兴。推动乡村振兴健康有序进行，要规划先行、精准施策。

乡村振兴战略注重规划先行，应按照先规划后建设的原则，通盘考虑土地利用、产业发展、居民点布局、人居环境整治、生态保护和历史文化传承，编制多规合一的实用性村庄规划，明确总体思路、发展布局、目标任务、政策措施。强化规划引领作用，加快提升农村基础设施水平，推进城乡基本公共服务均等化，让农村成为农民安居乐业的美丽家园。完善规划体制，把加强规划管理作为乡村振兴的基础性工作，实现规划管理全覆盖。解决规划上城乡脱节、重城市轻农村的问题，发挥集中力量办大事的社会主义制度优势，凝心聚力，统一思想，形成工作合力，合理引导社会共识，广泛调动各方面的积极性和创造性，规划安排产业、生态、人才、组织、文化等重要任务。党中央统揽全局，统筹谋划，对乡村振兴战略已经进行了周密部署，制定了长远规划，全国各地要按照党中央乡村振兴战略的总体部署相应做好规划工作，并加以实施，扎实推进。

2. 强化系统治理

实施乡村振兴战略要树立系统思维，统筹安排，动员和组织乡村振兴参与主体，完善乡村振兴实施路径。强调乡村社会化治理的重要性，形成多元主体共同参与的合理的治理结构。要打造共建共治共享的社会治理格局，自治、法治、德治"三治结合"是加强乡村治理的思路创新。发挥文化治理作用，深入挖掘乡村优秀传统文化蕴含的思想观念、人文精神和道德规范的合理性内容，结合时代要求继承创新。提高农民的思想觉悟、道德水准、文明素养，通过文化治理促进乡风文明，改善多村营商环境，促进多村生产力发展。突出基层党组织在乡村治理中的引领作用，强化党支部在乡村振兴中的领导地位，加强乡村党组织建设，使基层党组织建设成为宣传党的主张、贯彻党的决定、领导基层治理、团结动员群众、推动改革发展的坚强战斗堡垒，强化效益意识。

乡村振兴战略在资源利用与配置上强调效益最大化，致力于充分释放各类资源的潜力，提升整体运行效率。注重乡村资源的保护，提升资源要素的利用效能，确保市场在资源配置中发挥决定性作用。为推动农业高质量发展，积极推动农业供给侧结构性改革，坚持质量兴农、绿色兴农，将农业发展从单纯追求产量增长转向提升质量和效益。致力于构建现代农业产业体系、生产体系、经营体系，以增强农业的综合效益和竞争力。

在推进农业农村现代化方面，坚持以需求为导向，注重技术创新和可持续发展，走出数量与质量并重、资源节约、环境友好、安全有序的现代农业发展道路。鼓励农业产业向规模化和集约化方向发展，调整和优化农业产业结构，促进农业的可持续发展。同时将科技创新作为驱动农业发展的重要力量，积极发展开放型农业，拓展国际合作与交流。科学规划乡村集聚发展，推动相关乡村合并，集中进行居民点的布局和安排。通过这一方式，增进乡村公共设施和公共服务的共享，提高基础设施和公共服务的利用效率，为乡村居民创造更加宜居和便利的生活环境。

（三）协同性

实施乡村振兴战略涉及整个社会，在实施过程中需要党和政府及社会多方力量参与，不同主体之间进行互动共推。"当下乡村振兴战略的核心在于找到以农民为主体与利用外部资源的有机结合点。既要强调政府自上而下的政策支持和外部的资源支持，也要强调自下而上的文化自觉。乡村振兴的动力应该是内源性动力与外源性动力的统一。"[①] 需要正确处理党的领导和人民主体的关系、市场功能和资本逻辑的关系等，汇聚各种力量形成强大合力。

1. 发挥党的领导核心作用

在乡村振兴战略中，党的领导核心作用至关重要。党是中国各项事业的领导核心，党的坚强领导是实现乡村振兴的根本保证。

（1）统一思想，凝聚共识

党的领导能够统一全党全社会的思想，凝聚共识，形成推动乡村振兴的强大合力。通过党组织的宣传和教育，广大党员干部和群众能够深刻理解乡村振兴战略的重要意义和总体目标，坚定信心，明确方向，积极投身到乡村振兴的伟大实

---

① 朱姬，寺明. 乡村振兴的新内源性发展模式探析［J］. 中共福建省委党校学报，2019，（6）：124.

践中。

（2）科学决策，统筹规划

党的领导能够科学决策，统筹规划，为乡村振兴提供科学指导。党中央和各级党委通过深入调查研究，制定切实可行的乡村振兴规划和政策措施，确保乡村振兴战略的科学性和系统性。同时各级党组织能够根据本地实际情况，因地制宜，制定符合当地实际的发展计划，确保乡村振兴战略的有效实施。

（3）组织动员，强力推进

党的领导能够有效组织动员全社会力量，强力推进乡村振兴。通过各级党组织的组织动员，广大党员干部和群众积极参与到乡村振兴的各项工作中。党组织能够发挥战斗堡垒作用，党员干部能够发挥先锋模范作用，带动全社会共同参与乡村振兴，形成强大的工作合力。

（4）监督保障，确保落实

党的领导能够加强对乡村振兴工作的监督保障，确保各项措施落实到位。通过纪检监察和督查督办，严明纪律，狠抓落实，确保各级党委政府和各有关部门履职尽责，推动乡村振兴战略的全面实施。同时通过党内监督和群众监督，确保各项政策措施真正落到实处，惠及广大农民群众。

2. 发挥各级政府的主导作用

政府在乡村振兴战略中起主导作用，目前乡村振兴中存在的发展不平衡不充分问题仍较突出，需要政府大力推进体制机制创新，强化乡村振兴制度性供给，探索以基础设施和公共服务为主要内容的城乡融合发展政策创新，加大政府政策的扶持力度，吸引更多的资本、技术、人才等资源流向农村。政府在产业发展政策、农业金融支持政策、贷款贴息扶持政策、科技创新推广政策、农村人才培育政策、基础设施补助政策等方面，引导农业农村转变发展方式。加大农业投入力度，保证农业财政支出，建立健全"三农"投入稳定增长机制，研究开拓新的融资渠道。在巩固拓展脱贫攻坚成果上，发挥政府投入主体和主导作用，增加金融资金投放，发挥资本市场支持贫困地区发展的作用。

在农业现代化进程中，为支持农民发展，政府需强化对农业的支持保护政策，为农民创造更好的务农条件和环境。鉴于农业面临的自然灾害和市场波动双重风险，国家支持保护尤为关键。政府需根据当前形势，研究如何使农业支持保护措施更具针对性和实效性。

在农村人才培育方面，政府应制定专门的规划和切实可行的政策，加大农业职业教育和技术培训的力度。应将青年农民的培养纳入国家实用人才培养计划，确保农业领域后继有人。政府还需出台产业政策，协调税收信贷支持，以调动政府和社会资源，打造具有竞争力的市场经营主体。同时利用政府的公信力推动农产品区域品牌建设，提高农产品的市场竞争力和品牌效应。政府应积极探索适应农村实际的监管体系，为农村产业发展、农民创新开发、农村综合治理等提供有力保障，营造良好环境。

3. 发挥社会力量的参与作用

乡村振兴战略的成功实施，离不开社会各界的广泛参与和共同努力，这充分体现了其协同性的特征。在这一战略框架下，发挥社会力量的参与作用，不仅是推动乡村全面振兴的重要途径，也是构建共建共治共享社会治理格局的必然要求。

社会力量的参与为乡村振兴注入了新的活力。乡村振兴是一项系统工程，需要政府、市场、社会等多方面的协同推进。社会力量，包括企业、社会组织、个人等，拥有各自独特的资源和优势，能够为乡村振兴提供多元化的支持。例如企业可以通过投资兴业、产业带动等方式，促进乡村经济发展；社会组织可以利用其专业优势，为乡村提供教育、医疗、文化等公共服务；个人则可以通过志愿服务、捐赠等形式，为乡村发展贡献力量。这些社会力量的参与，不仅丰富了乡村振兴的资源来源，也增强了乡村发展的内生动力。

社会力量的参与有助于形成乡村振兴的合力。乡村振兴需要政府的主导和推动，但更需要社会各界的积极响应和广泛参与。通过发挥社会力量的参与作用，可以形成政府、市场、社会之间的良性互动和协同配合，共同推动乡村全面振兴。这种协同合作不仅体现在资源配置上，更体现在理念、政策、行动等多个层面的深度融合和相互支持。通过凝聚各方共识和力量，可以形成推动乡村振兴的强大合力。

社会力量的参与还促进了城乡融合发展。乡村振兴战略的实施，旨在打破城乡二元结构壁垒，推动城乡融合发展。社会力量的广泛参与，为城乡融合发展提供了重要契机和平台。通过引导社会力量向乡村流动和聚集，可以促进城乡要素的自由流动和平等交换，推动公共资源在城乡间均衡配置。同时社会力量还可以通过创新商业模式、拓展市场空间等方式，促进城乡产业协同发展、公共服务共建共享、社会治理互融共治，为城乡融合发展注入新的动力。

4. 发挥企业的产业引领作用

目前，区域龙头企业薄弱、市场经营主体缺位是农产品区域品牌建设的最大薄弱点，应发挥领军企业在乡村振兴中的引领作用，做大做强地区龙头企业，形成优势特色产品产业集群。乡村振兴进程中应以有担当、有能力的领军企业为主干，吸收其他企业和社会力量，形成具备企业法人性质的农产品区域品牌强势市场经营主体。激励并引导龙头企业通过直接投资、参股经营等方式带动产业融合发展。要鼓励发展混合所有制农业产业化龙头企业，推动集群发展，密切与农户、农民合作社的利益联结关系。

5. 发挥广大农民的主体作用

在实施乡村振兴战略中，最为关键的是最大限度地激发农民的潜能，调动他们的积极性、主动性和创造性，将他们对美好生活的向往转化为推动乡村振兴的强大动力。《中国共产党农村工作条例》明确指出，要以人民为中心，尊重农民的主体地位和首创精神，切实保障农民的物质利益和民主权利。农民的拥护与支持，是制定党的农村政策的重要依据。农民是乡村建设与发展中最为主要、最为可靠的力量。必须坚持农民的主体地位，切实保障他们的利益，充分尊重他们的意愿和自主选择权，使他们成为乡村振兴的主体力量，增强乡村振兴的内生动力。为了实现这一目标，需要加强制度建设、政策激励和教育引导，将发动群众、组织群众、服务群众贯穿于乡村振兴的全过程。要尊重农民意愿，弘扬自力更生、艰苦奋斗的精神，以此来激发和调动农民群众的积极性和主动性。同时应重点提高农民的组织化程度，培育新型经营主体，如农民合作社和家庭农场等，以发展农业新业态和新模式，提高农业经营效率，进一步壮大村级集体经济，为乡村振兴注入持续而强大的动力。

乡村实行"三权分置"改革是农村土地制度的重大创新性变革，实行农民组织化让个体农民形成集体合力而平等地参与农地经营权的流转，并形成公平交易，有利于从根本上维护农民的合法权益，保护农民的正当利益。区域内条件成熟的农民合作社和家庭农场要自觉参与进来，乡村、社区集体组织的完善发展应成为乡村振兴战略的重要组成部分。由农民平等自愿组成专门经营、管理农村集体经营性资产的股份合作社，要按照政经分开的原则对全体股东村民负责。完善乡村治理体系，赋予农民主体权利和主体责任，强化村民的自主意识和自治功能。要在总体上提高广大农民对乡村振兴战略的认知水平和把握能力，培育农民推动乡村振兴的责任意识、参与意识和成效意识。

二、乡村振兴战略的要求

（一）乡村振兴战略总体要求的内容阐释

1. 乡村振兴战略的基本要求：产业兴旺

（1）推动农业现代化

农业现代化是实现产业兴旺的核心内容。通过引进先进的农业技术和设备，提高农业生产效率和农产品质量，推动农业向智能化、机械化和信息化发展。

①科技创新

通过农业科研创新，培育优质高产的农作物品种和牲畜品种，推广高效种植和养殖技术。加强农业科技推广服务，提升农民的科技素质和应用能力。

②机械化

推进农业机械化，提高农业生产效率和劳动生产率。通过政府补贴和政策支持，推广先进的农业机械和设备，减轻农民劳动强度，提升农业生产效益。

③信息化

发展智慧农业，通过物联网、大数据、云计算等信息技术，实现农业生产的精准管理。推广农业信息服务平台，提供市场信息、气象预报、病虫害防治等服务，帮助农民科学决策，提高生产效益。

（2）促进农村一二三产业融合

推动农村一二三产业融合发展，形成多元化的农村经济结构，增加农民收入。

①农产品加工

发展农产品加工业，延长农业产业链，提高农产品附加值。支持农产品加工企业的发展，通过技术改造和设备升级，提高加工水平和产品质量，满足市场需求。

②乡村旅游

发展乡村旅游，挖掘乡村生态、文化和农业资源，打造具有地方特色的旅游产品和线路。通过旅游业的发展，带动乡村经济的发展，增加农民收入，促进农村消费。

③农村电商

发展农村电商，拓宽农产品销售渠道。支持农民合作社、龙头企业和电商平台合作，建立农产品网上销售平台，推动农产品的线上线下融合销售，解决农产品销售难题。

（3）培育新型农业经营主体

培育新型农业经营主体，提高农业组织化程度和市场竞争力。

①家庭农场

支持和引导农民发展家庭农场，通过政策扶持、技术培训和金融支持，帮助家庭农场提高生产经营能力，增强市场竞争力。

②农民合作社

发展农民合作社，提高农民的组织化程度和市场议价能力。通过合作社的统一管理和服务，降低生产成本，提高产品质量，增强市场竞争力，实现农民合作共赢。

③龙头企业

扶持农业龙头企业发展，通过龙头企业的带动作用，推动农业产业化经营。龙头企业可以通过产业链的延伸，带动农户发展，提升农产品的市场竞争力，促进农民增收。

（4）优化农业产业结构

调整优化农业产业结构，发展特色农业，提升农业综合效益。

①特色农业

因地制宜，发展地方特色农业。根据不同地区的自然条件和市场需求，培育和发展具有地方特色的农产品，如有机农业、生态农业和精品农业，打造区域品牌，提高产品附加值和市场竞争力。

②现代农业园区

建设现代农业园区，通过集约化经营和规模化生产，提高农业生产效率和经济效益。现代农业园区可以集生产、加工、销售、观光于一体，形成完整的产业链条，推动农业产业的升级和发展。

③农业产业集群

发展农业产业集群，通过产业集聚和资源整合，提升农业产业的整体竞争力。支持龙头企业、合作社和农户组成产业联盟，共享资源和市场，实现协同发展和共同提升。

（5）加强农业基础设施建设

改善农业基础设施条件，为农业生产提供坚实保障。

①水利设施

加强农田水利建设,提高农田灌溉和排水能力,保障农业生产用水需求。通过建设和维护水利设施,提高农业生产抗灾能力,减少自然灾害对农业生产的影响。

②农田基础设施

完善农田基础设施,改善农业生产条件。通过土地整治和高标准农田建设,提高土地利用效率和农作物产量,促进农业可持续发展。

③农村交通

改善农村交通基础设施,便利农产品运输和流通。通过修建和改造农村公路,建立便捷的交通网络,降低农产品运输成本,提高市场竞争力。

产业兴旺是乡村振兴战略的基本要求和关键环节。通过推动农业现代化、促进农村一二三产业融合、培育新型农业经营主体、优化农业产业结构和加强农业基础设施建设,可以实现乡村产业的全面振兴。产业的兴旺不仅能增加农民收入,改善农民生活条件,还能推动农村经济的全面发展,最终实现乡村振兴的目标。

2. 乡村振兴战略的关键要求:生态宜居

(1) 生态宜居的内涵

生态宜居,顾名思义,即生态环境良好、适宜人类居住。在乡村振兴战略中,生态宜居的内涵更为丰富,它不仅要求乡村拥有优美的自然风光和清新的空气、水质,还要求乡村经济发展与生态环境保护相协调,实现经济效益、社会效益和生态效益的有机统一。具体来说,生态宜居包括以下几个方面:一是乡村生态环境得到有效保护和修复,山水林田湖草等自然生态系统健康稳定;二是农业生产方式绿色转型,化肥农药使用量减少,有机农业、循环农业得到推广;三是乡村生活垃圾和污水处理设施完善,人居环境干净整洁;四是乡村公共基础设施和公共服务体系健全,居民生活便利舒适。

(2) 生态宜居的重要性

生态宜居是乡村振兴战略的关键要求之一,其重要性不言而喻。生态宜居是满足人民群众美好生活需要的重要内容。随着生活水平的提高,人民群众对居住环境的要求也越来越高,生态宜居的乡村环境成为人们的共同追求。生态宜居是推动乡村经济发展的重要动力。良好的生态环境是乡村最大的优势和宝贵财富,可以吸引更多人才、资金和技术向乡村聚集,促进乡村产业转型升级和经济发展。生态宜居是构建和谐社会的重要基石。优美的乡村环境可以陶冶人们的情操、提升人们的幸福感，有助于形成和谐稳定的乡村社会氛围。

（3）实现生态宜居的路径

实现生态宜居需要从多个方面入手。一是加强乡村生态环境保护和修复工作。要建立健全乡村生态环境保护机制，加大生态环境保护投入力度，推进山水林田湖草等自然生态系统保护和修复工作。二是推动农业生产方式绿色转型。要加强农业面源污染防治工作力度，推广有机肥替代化肥、生物防治等绿色农业技术模式；加强畜禽粪污资源化利用工作力度；加强农作物秸秆综合利用工作力度等。三是完善乡村生活垃圾和污水处理设施。要加强乡村生活垃圾和污水处理设施建设力度，提高处理能力和处理效率；加强宣传教育力度，提高居民环保意识；建立健全长效管理机制等。四是健全乡村公共基础设施和公共服务体系。要加强乡村道路、供水、供电、通讯等基础设施建设力度；加强教育、医疗、文化等公共服务体系建设力度；提高公共服务水平和覆盖面等。

3. 乡村振兴战略的核心要求：乡风文明

（1）加强乡村文化建设

乡村文化是乡村振兴的重要组成部分，也是提升乡村居民精神素质和文化自信的关键。

①保护传统文化

乡村拥有丰富的传统文化资源，包括民间艺术、传统技艺、民俗活动等。通过挖掘、保护和传承这些文化资源，可以增强乡村居民的文化认同感和自豪感。支持建立乡村文化博物馆、文化展览馆等，记录和展示乡村的历史文化遗产，保护文化多样性。

②推广现代文化

在保护传统文化的基础上，积极引入和推广现代文化，丰富乡村居民的文化生活。通过建设乡村图书馆、文化站、乡村剧场等文化设施，开展丰富多彩的文化活动，如文艺演出、电影放映、书法绘画展览等，满足乡村居民多样化的文化需求。

（2）培育文明乡风

乡风文明不仅体现在文化活动中，还体现在居民的日常行为和社会风尚中。通过道德教育和文明行为的倡导，培育良好的乡风民俗。

①道德教育

加强道德教育，提高乡村居民的思想道德水平。通过宣传党的方针政策和社会主义核心价值观，开展爱国主义、集体主义和社会主义教育，弘扬中华民族传统美德，培养乡村居民的社会责任感和公德意识。

②文明行为倡导

倡导文明行为，营造良好的社会氛围。通过制定和推广村规民约，规范村民的行为，形成人人讲文明、守公德的良好风尚。开展"文明村镇""文明家庭"等评选活动，表彰先进典型，树立文明榜样，激励村民争做文明人。

（3）发展乡村教育

教育是提升乡村居民素质的根本途径。通过提高乡村教育水平，为乡村振兴提供智力支持和人才保障。

①提升基础教育

改善乡村学校办学条件，提高乡村教师的待遇和素质，确保每个乡村儿童都能接受优质的义务教育。通过引进优秀教师和教育资源，提升乡村学校的教学质量，缩小城乡教育差距。

②开展成人教育

针对乡村成人，开展多种形式的教育培训，提高他们的文化素质和职业技能。通过设立农民夜校、成人教育中心等，提供农业技术、创业技能、法律知识等方面的培训，增强农民的就业创业能力和法治意识。

（4）改善乡村环境

优美的乡村环境是乡风文明的重要体现。通过美化乡村环境，提升村民的生活质量，增强他们的幸福感和归属感。

①环境整治

开展乡村环境整治行动，清理垃圾、污水和杂物，改善村容村貌。通过建设垃圾处理设施和污水处理系统，解决农村环境污染问题，保护生态环境。

②绿化美化

推动乡村绿化美化工程，种植树木花草，建设村庄公园和绿地，营造美丽宜居的生活环境。通过村民共同参与绿化活动，增强他们的环保意识和爱护环境的自觉性。

（5）健全乡村治理

良好的乡村治理是实现乡风文明的重要保障。通过健全乡村治理体系，提升村民的自治能力和社会管理水平。

①民主自治

加强乡村民主自治，完善村民自治组织，推动村务公开和民主决策。通过开展村民代表大会和村民议事会，增强村民的参与意识和责任感，实现村民自我管理、自我服务、自我教育和自我监督。

②法治建设

加强乡村法治建设，提高村民的法律素质和法治观念。通过普法宣传教育，增强村民的法治意识和依法办事能力，营造尊法学法守法用法的良好氛围。

乡风文明是乡村振兴战略的核心要求之一，通过加强乡村文化建设、培育文明乡风、发展乡村教育、改善乡村环境和健全乡村治理，可以全面提升乡村居民的精神素质和社会风尚，营造和谐美丽的新乡村。实现乡风文明，不仅能提高村民的生活质量和幸福感，还能促进社会和谐稳定，为乡村振兴战略的全面实施提供有力支持。

4. 乡村振兴战略的保障要求：治理有效

（1）治理有效的内涵

治理有效，指的是在乡村治理过程中，能够形成科学高效、民主法治、多元共治的良好局面，确保乡村社会各项事务得到妥善处理，乡村资源得到有效配置，乡村利益得到合理协调。具体来说，治理有效包括以下几个方面：一是基层党组织坚强有力，能够发挥领导核心作用，引领乡村发展方向；二是乡村治理体系完善，能够形成政府、市场、社会等多方参与、协同共治的格局；三是乡村治理机制健全，能够确保决策科学民主、执行有力有效、监督严格到位；四是乡村治理成效显著，能够实现乡村社会稳定有序、经济发展持续健康、生态环境优美宜居。

（2）治理有效的重要性

治理有效是乡村振兴战略的重要保障要求。治理有效是维护乡村社会和谐稳定的基石。乡村社会是国家治理的基层单元，治理有效能够确保乡村社会各项事务得到妥善处理，减少矛盾纠纷，维护社会稳定。治理有效是推动乡村经济发展的动力源泉。通过优化乡村治理体系、提升治理效能，可以激发乡村经济活力，促进农业转型升级和农村一二三产业融合发展。治理有效是促进农业经济管理现代化的关键举措。随着农业现代化的推进，农业经济管理面临着新的挑战和机遇。治理有效能够推动农业经济管理体制机制创新，提高管理效率和服务水平，为农业现代化提供有力支撑。

(3) 实现治理有效的路径

实现治理有效需要从多个方面入手。一是加强基层党组织建设，发挥领导核心作用。要选优配强基层党组织带头人，加强党员队伍建设和管理，提高基层党组织的凝聚力和战斗力。二是完善乡村治理体系，形成多方参与、协同共治的格局。要建立健全政府、市场、社会等多方参与机制，鼓励和支持各类社会主体参与乡村治理。三是健全乡村治理机制，确保决策科学民主、执行有力有效、监督严格到位。要完善村民自治制度，推进乡村法治建设，加强乡村德治建设，形成自治、法治、德治相结合的乡村治理体系。四是加强乡村治理能力建设，提高治理效能和服务水平。要加强乡村干部队伍建设和管理培训，提高干部素质和能力水平；加强乡村公共服务设施建设和管理维护，提高公共服务供给能力和质量水平。

5. 乡村振兴战略的根本要求：生活富裕

(1) 增加农民收入

增加农民收入是实现生活富裕的核心内容。通过多种渠道增加农民收入，改善农民的经济状况，是提升生活水平的关键。

①发展高效农业

通过发展高效农业，提高农业生产效益。引进先进的农业技术，推广优良品种，提升农产品的产量和质量。推动农业产业化经营，发展农产品加工和销售，延长产业链，提高附加值，增加农民收入。

②促进多元增收

鼓励农民多元化经营，拓宽增收渠道。支持农民发展家庭农场、专业合作社等新型农业经营主体，提升生产经营能力。推动农村一二三产业融合发展，通过发展乡村旅游、农家乐、农村电商等新兴产业，为农民创造更多的就业和增收机会。

③促进农民致富

巩固拓展脱贫攻坚成果，增强脱贫地区内生发展动力。通过政策扶持、项目支持和资金投入，解决贫困地区在生产生活中的实际困难，增强他们的自我发展能力，实现脱贫群众持续增收。

(2) 改善基础设施

完善乡村基础设施是提高生活质量的重要保障。通过改善乡村的交通、水利、电力、通信等基础设施条件，提升农民的生活便利性和舒适度。

①交通设施

修建和改造农村公路，改善乡村交通条件。推动"四好农村路"建设，打通乡村交通"最后一公里"，方便农民出行和农产品运输，提高交通便捷性。

②水利设施

加强农田水利建设，提高农业灌溉和防灾减灾能力。通过建设和维护水利工程，保障农田用水需求，提高农业生产效率和效益，改善农村用水条件。

③电力通信

提升乡村电力和通信基础设施水平，实现农村电网改造升级，保障农村用电稳定可靠。推动农村宽带网络建设，提高互联网普及率和信息化水平，方便农民获取信息和开展电子商务活动。

（3）提升公共服务

提供优质的公共服务是实现生活富裕的重要内容。通过提升教育、医疗、文化等公共服务水平，提高农民的生活质量和幸福感。

①教育服务

改善乡村教育条件，提高教育质量。加强乡村教师队伍建设，提高乡村教师待遇，吸引优秀教师到乡村任教。推动乡村学校信息化建设，提升教育现代化水平，确保每个乡村孩子都能享受到优质教育。

②医疗服务

完善乡村医疗卫生服务体系，提高医疗服务能力。加强乡村医生队伍建设，提高医疗设备和技术水平，保障农村居民的健康需求。推进农村医疗保险制度，减轻农民看病负担，提升医疗保障水平。

③文化服务

丰富乡村文化生活，提高农民的精神文化素质。建设乡村文化设施，开展多样化的文化活动，推广优秀传统文化和现代文化，满足农民的精神文化需求，增强乡村文化自信和凝聚力。

（4）改善人居环境

优美的人居环境是实现生活富裕的重要标志。通过改善乡村居住条件和生态环境，提高农民的居住质量和环境满意度。

①住房条件

实施农村危房改造和农房建设工程，改善农民居住条件。通过政策支持和资金投入，帮助农民修缮或新建住房，提高住房安全性和舒适度。

②生态环境

加强乡村生态环境保护，推进农村环境综合整治。通过垃圾处理、污水治理、村庄绿化等措施，改善村容村貌，营造干净整洁、生态宜居的乡村环境。

（5）健全社会保障

健全农村社会保障体系，提高农民的生活保障水平。通过完善社会保障制度，增强农民的生活安全感和幸福感。

①养老保障

推进农村养老保险制度建设，提高农村居民养老保障水平。通过政策扶持和资金投入，确保农村老年人能够享受到基本养老保障，实现老有所养。

②医疗保障

完善农村医疗保险制度，提高农民的医疗保障水平。通过扩大医疗保险覆盖面和提高保障水平，减轻农民看病负担，提高健康保障能力。

③社会救助

加强农村社会救助工作，保障困难群体的基本生活。通过建立健全农村低保制度和临时救助制度，及时帮助遭遇突发事件或重大困难的农民，保障他们的基本生活需求。

生活富裕是乡村振兴战略的根本要求，通过增加农民收入、改善基础设施、提升公共服务、改善人居环境和健全社会保障，可以全面提高农民的生活水平和幸福感。实现生活富裕，不仅能增强农民的获得感和幸福感，还能促进社会和谐稳定，为乡村振兴战略的全面实施提供有力支持。通过多措并举，全面推进生活富裕，最终实现乡村振兴的美好愿景。

（二）乡村振兴战略五大要求间的相互关系

乡村振兴战略提出的五大要求——产业兴旺、生态宜居、乡风文明、治理有效、生活富裕，是一个相互联系、相互促进、不可分割的有机整体。它们共同构成了乡村振兴战略的核心框架，为实现农业、农村、农民的全面振兴提供了明确的方向和路径。

1. 产业兴旺是基础

产业兴旺是乡村振兴的经济基础，只有产业发展了，农民才能增收致富，乡村才能有持续的发展动力。产业兴旺不仅要求农业本身的发展，还包括农村二、三产业的融合发展，形成多元化、多层次的产业结构。同时产业兴旺也是其他四大要求实现的前提和保障，为生态宜居、乡风文明、治理有效、生活富裕提供了坚实的物质基础。

2. 生态宜居是条件

生态宜居是乡村振兴的生态环境条件，良好的生态环境是乡村可持续发展的基石，也是农民群众追求美好生活的重要内容。生态宜居要求我们在推进乡村产业发展的同时注重生态环境保护与修复，实现经济发展与生态环境保护的和谐统一。同时生态宜居也是提升乡村吸引力、促进城乡融合发展的重要因素。

3. 乡风文明是灵魂

乡风文明是乡村振兴的精神文化灵魂。它体现了乡村社会的道德风尚、文化传承和价值追求。乡风文明要求在推进乡村振兴的过程中，注重挖掘和传承乡村优秀传统文化，培育文明乡风、良好家风、淳朴民风，提升农民群众的思想道德素质和科学文化素养。同时乡风文明也是促进乡村社会和谐稳定、增强乡村凝聚力的重要力量。

4. 治理有效是保障

治理有效是乡村振兴的制度保障。在推进乡村振兴的过程中，建立健全乡村治理体系，提高乡村治理能力和水平。治理有效意味着乡村社会各项事务得到妥善处理，乡村资源得到有效配置，乡村利益得到合理协调。只有治理有效了，才能确保乡村社会的和谐稳定、经济发展的持续健康、生态环境的优美宜居以及农民群众的安居乐业。

5. 生活富裕是目标

生活富裕是乡村振兴的最终目标。体现了对农民群众美好生活的向往和追求。生活富裕不仅要求农民群众在物质生活上得到极大改善和提高，还要求他们在精神文化生活、社会保障等方面得到全面提升。生活富裕的实现需要产业兴旺作为基础、生态宜居作为条件、乡风文明作为灵魂、治理有效作为保障。

综上所述，乡村振兴战略的五大要求之间相互联系、相互促进、不可分割。它们共同构成了乡村振兴战略的核心框架和推进路径。在实施乡村振兴战略的过程中，必须坚持系统思维、统筹兼顾的原则，正确处理五大要求之间的关系，确保乡村振兴战略取得实效。

第四节 乡村振兴战略的理论依据

本节拟从区域发展、产业经济、组织制度、生态环境、社会文化五大视角，梳理与农业农村发展相关的基础理论和思想，为乡村振兴提供理论借鉴和支撑。

一、基于区域发展视角

(一) 城乡二元经济结构理论

1. 城乡二元经济结构理论概述

城乡二元经济结构理论，是指发展中国家广泛存在的城乡生产和组织的不对称性，表现为现代化的工业部门与传统农业部门并存且差距明显的社会经济形态。该理论最早由美国经济学家刘易斯提出，后经拉尼斯、费景汉等人发展完善，形成了系统的二元经济结构模型。这一理论指出，在发展中国家，由于历史、政策等多方面原因，城市与乡村之间在经济发展、产业结构、基础设施、居民收入等方面存在显著差距，形成了明显的二元分割现象。

2. 城乡二元经济结构的表现

在我国，城乡二元经济结构主要表现为以下几个方面：一是产业结构差异显著，城市经济以现代化的大工业生产为主，而农村经济则以典型的小农经济为主；二是基础设施发展不均衡，城市的道路、通信、卫生和教育等基础设施发达，而农村则相对落后；三是居民收入差距较大，城市人均消费水平远远高于农村；四是人口分布不均，相对于城市，农村人口众多且素质相对较低。

3. 城乡二元经济结构对乡村振兴的影响

城乡二元经济结构对乡村振兴战略的实施产生了深远影响。一方面，城乡二元经济结构制约了乡村经济的发展，导致乡村产业单一、基础设施落后、居民收入偏低等问题长期存在；另一方面，城乡二元经济结构也加剧了城乡之间的不平衡发展，影响了社会和谐稳定。破解城乡二元经济结构，促进城乡融合发展，成为实施乡村振兴战略的重要任务。

4. 乡村振兴战略对城乡二元经济结构的回应

针对城乡二元经济结构带来的问题，乡村振兴战略提出了一系列针对性措施。通过推进农业现代化和乡村产业振兴，提升乡村经济发展水平；加强农村基础设施建设，改善乡村居民生产生活条件；促进城乡要素自由流动和平等交换，打破城乡市场分割；深化户籍制度改革和社会保障体系建设，推动城乡基本公共服务均等化。这些措施旨在逐步消除城乡二元经济结构带来的负面影响，推动城乡融合发展。

（二）区域经济理论

区域经济理论主要聚焦于人类经济行为在空间中的区位选择，以及空间内部经济活动如何实现优化组合。其早期形态可追溯至区位理论。德国经济学家杜能于1826年在其著作《孤立国》中首次提出了农业区位理论，他认为农业生产的布局与农地利用集约化水平，深受农产品产地到消费地（市场）的距离及其运费的影响。随后，区位理论得到了进一步发展，韦伯（1909）提出了工业区位论，强调运输、劳动力和集聚三大因素在企业区位选择中的重要性。克里斯塔勒（1933）则在中心地理论中引入了市场因素，而廖什（1940）在探究市场区位和产业区位时，从利润最大化的视角审视了区位问题。

这些理论构成了区域经济理论的早期基础，主要关注于微观经济主体的选址问题。自20世纪50年代起，区域经济理论逐渐拓展至宏观领域，开始深入探究生产力的空间布局和区域发展问题。在这一过程中，缪尔达尔的"循环积累因果理论"、赫希曼的"核心—边缘理论"、弗里德曼的"中心—边缘理论"以及克鲁格曼的"新经济地理理论"等现代区域经济理论应运而生。这些理论不仅丰富了区域经济学的理论体系，而且致力于解决区域发展不平衡的难题，为区域经济的可持续发展提供了有力的理论支撑。

区域经济理论为优化城乡生产力布局、促进城乡平衡发展提供了理论基础。基于土地资源不可移动、不可增加的特点，乡村振兴战略下的乡村发展规划需要跳出"三农"看"三农"，不仅要考虑农业自身的特性和需求，更要将农业和第二、第三产业以及城市和乡村、核心和边缘纳入一盘棋统筹考虑。根据不同区位条件，科学划分乡村类型，合理布局生产力，以促进城乡缩差共富、协调发展。

（三）经济增长理论

1. 新古典经济增长理论

新古典经济增长理论主要由索洛（Solow）和斯旺（Swan）提出，强调资本积累、劳动投入和技术进步是推动经济增长的主要因素。这一理论在乡村振兴战略中具有重要启示。

①资本积累

在乡村振兴过程中,资本积累是提高生产力和促进经济发展的关键。通过增加农业投资,改善农业基础设施,提升农业机械化水平,可以显著提高农业生产效率。政府应加大对农村基础设施的投入,包括道路、水利、电力等基础设施建设,改善农业生产条件,为经济增长奠定坚实基础。

②劳动投入

劳动力是经济增长的重点要素。在乡村振兴中,提高农民素质和技能是实现经济发展的重要途径。通过加强农村教育和职业培训,提高农民的文化素质和专业技能,增强劳动力的市场竞争力。同时鼓励农村劳动力向非农产业转移,拓宽就业渠道,提高收入水平,促进农村经济多元化发展。

③技术进步

技术进步是推动经济长期增长的核心动力。乡村振兴需要依靠农业科技创新,提高农业生产效率和农产品质量。政府应支持农业科研机构和企业开展技术创新,推广先进农业技术和装备,如智能农业、精准农业等,提升农业科技水平。同时鼓励农业科技成果转化和推广,推动农业现代化进程。

2. 内生增长理论

内生增长理论强调创新、知识积累和人力资本在经济增长中的作用。

①创新驱动

创新是经济增长的内生动力。在乡村振兴过程中,通过支持创新创业,激发农村经济活力。政府应提供政策支持和资金投入,鼓励农村创业创新,发展新兴产业和新型业态,如农村电商、休闲农业、文化创意产业等,推动农村经济转型升级。

②知识积累

知识积累是内生增长的重要因素。加强农村教育和培训,提高农民的知识水平和技能,是实现乡村经济持续增长的重要途径。政府应加大对农村教育的投入,改善教育基础设施,提升教育质量。同时开展多种形式的职业培训和继续教育,提高农民的就业创业能力。

③人力资本

人力资本是推动经济增长的重要资源。通过提高农村人力资本质量,增强农村经济发展动力。政府应实施人才引进和培养计划,吸引城市优秀人才到农村工作，推动城乡人才互动。同时鼓励和支持农村青年返乡创业，培育新型职业农民，提升农村人力资本水平。

3. 区域经济发展理论

区域经济发展理论研究区域间经济发展的差异及其影响因素，提出通过区域协调发展，实现整体经济增长的思路。

①区域协调发展

区域协调发展是实现乡村振兴的重要路径。通过统筹城乡发展，缩小城乡差距，实现资源的优化配置和协调发展。政府应加大对农村和欠发达地区的支持力度，推动基础设施、公共服务和产业布局的均衡发展，提升农村发展的整体水平。

②产业集群

产业集群是推动区域经济发展的有效模式。在乡村振兴中，通过发展产业集群，提升农业产业链的竞争力。政府应支持农业龙头企业、合作社和农户之间的合作，形成产业联盟，推动农业产业化经营。同时促进农业与二、三产业融合发展，形成特色产业集群，提高区域经济的整体竞争力。

③区域合作

区域合作是实现经济共赢的重要途径。通过加强区域间的合作交流，实现资源共享和优势互补。政府应推动城乡区域间的合作，促进技术、资金、人才等要素的流动，提升区域经济的整体发展水平。

经济增长理论为乡村振兴战略提供了重要的理论依据。通过资本积累、劳动投入和技术进步，推动农业现代化和农村经济发展；通过创新驱动、知识积累和人力资本，提高农村经济的内生增长动力；通过区域协调发展、产业集群和区域合作，实现城乡协调发展和区域经济一体化。只有综合运用这些理论和方法，才能全面推进乡村振兴战略，实现乡村经济的持续健康发展。

二、基于产业经济视角

（一）农业多功能性理论

众所周知，农业因其独特的公共产品属性和显著的外部经济性而备受关注。农业的多功能性正是基于对其外部经济性的深入探索而提出的。1992年的联合国环境与发展大会和1996年的世界粮食首脑会议均发表了相关国际文件，对农业多功能性理论给予了充分的肯定，并将其作为重要的指导原则。进入90年代末，欧盟提出的"欧盟农业模式"也以农业的多功能性为核心理论基础。

农业多功能性理论认为，随着国家生产力的提升，农业在国民经济发展中的地位和作用会经历一系列的变化。农业经济阶段，农业的主要功能是确保农产品供应，满足人们的生存需求。进入工业经济阶段，农业的功能则进一步拓展，包括保障食品安全、为工业提供原材料、提供剩余劳动力以及保护环境等。而在后工业经济阶段，农业在继续发挥上述功能的同时更加强调其在文化传承、生态环境保护与利用、康养旅游等方面的服务功能。这些功能的不断拓展和深化，使得农业在现代社会中扮演着越来越重要的角色。

当前，我国农业综合生产力迈上了新的台阶，国内经济已从高速增长步入高质量发展阶段。在农业基础性地位不变的大前提下，为满足人民对高品质生活的需求，促进农民持续增收、农村繁荣发展，我国农业功能逐步向生态、文化、旅游等领域拓展，农业也开始从产品经济向服务经济转变。更需要进一步丰富农业多功能性理论，并从理论中挖掘功能拓展方向、发挥路径、制度保障等方面的有益启示。

（二）六次产业理论

1. 六次产业理论概述

六次产业理论最早由日本农业专家今村奈良臣提出，其核心思想是将农业产业链进行拓展和延伸，通过一二三产业的融合发展，形成新的经济增长点。具体而言，六次产业理论将农业视为一个包含种植业、养殖业、农产品加工业、农产品流通业、农业服务业以及农业文化创意产业等多个环节的综合性产业体系。这一理论强调，通过各环节的相互渗透和有机融合，可以实现农业产业链的价值倍增和农民收入的显著增加。

2. 六次产业理论与乡村振兴战略的内在联系

乡村振兴战略的总要求包括产业兴旺、生态宜居、乡风文明、治理有效和生活富裕，其中产业兴旺位于首位。六次产业理论恰恰为实现乡村产业兴旺提供了具体的理论指导和实践路径。通过推动一二三产业的融合发展，六次产业理论有助于打破传统农业单一生产功能的局限，延长农业产业链，提升农产品附加值，拓宽农民增收渠道。同时六次产业理论还强调农业与服务业的深度融合，如乡村旅游、农村电商等新兴业态的兴起，为乡村经济发展注入了新的活力。

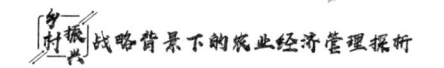

3. 六次产业理论在乡村振兴战略中的应用

在乡村振兴战略的实施过程中，六次产业理论的应用主要体现在以下几个方面：一是推动农业产业链延伸和拓展，促进农产品加工业和农业服务业的发展；二是加强农业品牌建设，提升农产品市场竞争力和附加值；三是发展乡村旅游等新兴产业，促进乡村经济多元化发展；四是加强农业科技创新，提高农业生产效率和产品质量；五是完善农村基础设施和公共服务体系，为乡村产业发展提供有力支撑。

三、基于组织制度视角

（一）合作经济理论

合作经济理论是乡村振兴战略的重要理论基础之一。它强调通过合作组织的形式，集结农民的力量，实现资源共享、风险共担和利益共享，从而提升农业生产效率和市场竞争力，合作经济理论在乡村振兴中具有重要的实践意义。

1. 合作经济理论的基本概念

合作经济理论强调合作组织在经济活动中的重要性，认为通过合作可以提高生产效率，降低交易成本，实现规模经济和范围经济。

①合作组织

合作组织是指具有共同经济利益的个人或团体自愿组成的经济实体，旨在通过合作的方式实现成员的共同利益。合作社是最典型的合作组织形式，在农业领域中，农民合作社是一种重要的经济合作组织。

②资源共享

资源共享是合作经济理论的重要内容。通过合作组织，成员可以共享土地、资金、技术、设备等资源，提高资源利用效率，降低生产成本，实现规模经济效益。

③风险共担

风险共担是合作经济的核心原则之一。合作组织通过共同承担风险，可以分散个体的风险压力，增强抵御市场风险的能力。特别是在农业生产中，农产品价格波动、自然灾害等风险较大，合作社可以通过集体力量有效应对。

④利益共享

利益共享是合作经济的最终目标。合作组织通过共同经营、统一销售，实现利益的最大化和公平分配,增强成员的经济收益和幸福感。

2. 农民合作社的作用与发展路径

农民合作社作为合作经济的具体形式,在乡村振兴中具有重要作用。通过发展农民合作社,可以有效提升农业生产效率和市场竞争力,实现农民增收和农村繁荣。

①提升农业生产效率

农民合作社通过集中生产资料和技术资源,可以实现规模化经营,提高农业生产效率。合作社统一购进种子、肥料、农药等生产资料,降低采购成本;统一进行机械化作业,提高生产效率;统一进行技术培训和指导,提升农民的技术水平。

②增强市场竞争力

农民合作社通过集体力量,可以增强市场竞争力。合作社统一品牌、包装、销售,提高农产品的市场知名度和竞争力;统一市场信息,及时掌握市场动态,优化销售策略;统一谈判,增强议价能力,获取更好的市场价格。

③促进农民增收

农民合作社通过提升生产效率和市场竞争力,可以有效增加农民收入。合作社通过规模化生产和集体销售,提高农产品的产量和价格,增加农民的经营收益;通过提供生产资料和技术服务,降低生产成本,提高农民的净收入;通过实施二次分配,合理分配合作社收益,保障农民的利益。

④发展路径

发展农民合作社需要政府、社会和农民的共同努力。政府应加大政策支持和资金投入,推动合作社的发展;社会应提供技术、信息、市场等方面的支持,增强合作社的综合服务能力;农民应积极参与合作社建设,增强合作意识和合作能力。

3. 农业产业化与合作经济

合作经济在推动农业产业化过程中具有重要作用。通过合作组织的形式,可以有效整合农业生产、加工、销售等环节,实现农业全产业链发展。

①农业生产

合作社在农业生产中可以实现土地集约化、经营规模化、管理现代化,提高生产效率和质量。通过合作社的组织管理,推进农业机械化、信息化和标准化生产,提升农业现代化水平。

②农产品加工

合作社在农产品加工中可以实现资源整合和产业延伸。通过建立农产品加工基地，推进农产品初加工和深加工，延长产业链，提高产品附加值。合作社可以通过与加工企业合作，发展订单农业，确保农产品销售渠道和价格稳定。

③农产品销售

合作社在农产品销售中可以实现品牌化和市场化经营。通过统一品牌、包装、营销，提高农产品的市场知名度和竞争力。合作社可以通过建立销售网络和电商平台，拓展市场渠道，扩大销售范围，提高销售收入。

4. 合作经济的挑战与对策

尽管合作经济在乡村振兴中具有重要作用，但其发展也面临诸多挑战，需要采取有效对策加以应对。

①组织管理

合作社的发展需要健全的组织管理体系。应建立完善的合作社章程和管理制度，明确合作社的经营目标和发展方向。加强合作社的民主决策和民主管理，确保成员的参与权和监督权，增强合作社的凝聚力和向心力。

②技术支持

合作社的发展需要强有力的技术支持。应加强农业科技创新和技术推广，提高农民的技术水平和应用能力。通过与科研机构和企业合作，引进和推广先进农业技术，提升合作社的技术实力和竞争力。

③资金保障

合作社的发展需要稳定的资金保障。应建立多元化的融资渠道，提供政策性、商业性和社会性资金支持。政府应加大财政投入，设立专项扶持基金，提供低息贷款和财政补贴；金融机构应创新金融产品和服务，提供多样化的金融支持；社会应发挥公益组织和企业的作用，提供社会捐助和投资支持。

④市场拓展

合作社的发展需要广阔的市场空间。应加强市场信息采集和分析，掌握市场动态和消费趋势，优化生产和销售策略。通过建立产销对接机制，发展订单农业和农超对接，稳定销售渠道和价格；通过发展农村电商，拓展线上线下市场，扩大销售范围和市场份额。

合作经济理论为乡村振兴战略提供了重要的理论依据，通过发展农民合作社和推动农业产业化，可以有效提升农业生产效率和市场竞争力，实现农民增收和农村繁荣。尽管合作经济发展面临诸多挑战，但通过加强组织管理、提供技术支持、保障资金来源和拓展市场空间，可以有效推动合作经济的发展，为乡村振兴战略的全面实施提供有力支持。

（二）产权制度理论

1. 产权制度理论概述

产权制度理论是经济学和法学交叉领域的重要理论之一，它主要关注产权的界定、分配、保护及其对经济效率和资源配置的影响。产权是指人们对财产所享有的权利，包括所有权、使用权、收益权和处置权等。一个清晰、稳定的产权制度能够减少交易中的不确定性，降低交易成本，激励产权主体进行长期投资和创新活动，从而促进经济增长和社会进步。

2. 产权制度理论与乡村振兴战略的关联

在乡村振兴战略背景下，产权制度理论的应用主要体现在以下几个方面。

（1）农村土地制度改革：农村土地是农民最基本的生产资料和生活保障。通过深化农村土地制度改革，明确土地所有权、承包权、经营权的"三权分置"，赋予农民更加充分的土地财产权益，有助于激发农民的生产积极性，促进土地资源的优化配置和高效利用。

（2）农村集体产权制度改革：农村集体产权制度改革是乡村振兴战略的重要组成部分。通过明晰农村集体资产的产权归属，建立归属清晰、权责明确、保护严格、流转顺畅的现代农村集体产权制度，有助于保护农民的集体财产权益，促进集体经济的发展壮大，为乡村振兴提供坚实的物质基础。

（3）农业经营主体培育：产权制度的完善有助于培育多元化的农业经营主体。通过明确产权归属和保护，鼓励和支持家庭农场、农民合作社、农业企业等新型农业经营主体的发展，有助于提升农业生产的组织化程度和规模化水平，提高农业竞争力和可持续发展能力。

3. 产权制度理论在乡村振兴战略中的实践路径

在乡村振兴战略的实施过程中，产权制度理论的实践路径主要包括以下几个方面。

（1）加强产权立法和执法：完善相关法律法规体系，明确产权的界定、分配、保护和流转规则，加强产权执法力度，保障产权主体的合法权益不受侵犯。

（2）推进产权登记和确权颁证：加快农村土地承包经营权、宅基地使用权、集体建设用地使用权等产权的确权登记颁证工作，为产权交易和流转提供法律基础。

（3）建立健全产权交易市场：培育和发展农村产权交易市场，推动产权的公开、公正、规范交易，提高资源配置效率和市场活力。

（4）加强产权保护宣传教育：加大对产权保护知识的宣传普及力度，提高农民群众的产权保护意识和能力，营造尊重产权、保护产权的良好社会氛围。

（三）交易费用理论

1. 交易费用理论的基本概念

交易费用是指在进行经济交易过程中所产生的各种成本。这些成本主要包括以下几方面。

（1）信息成本是指在交易前搜寻和获取有关交易对象及其条件的信息所需的费用。在农村市场中，农民往往面临信息不对称的问题，获取市场、价格、技术等信息的成本较高。

（2）谈判成本是指交易双方为达成交易所进行的谈判和磋商所需的费用。农民与买家或中介进行价格、数量、质量等方面的谈判，所花费的时间和精力都是谈判成本的体现。

（3）合同成本是指交易双方为签订合同所产生的费用，包括合同起草、审阅和签订的费用。在农业生产和销售过程中，农产品交易合同的制定和执行都会产生一定的合同成本。

（4）监督成本是指交易双方为确保合同履行而进行的监督和执行所需的费用。农产品质量的监督、交付时间的监控等都是典型的监督成本。

2. 交易费用理论在乡村振兴中的应用

交易费用理论在乡村振兴战略中具有重要的应用价值。通过降低交易成本，可以提升农村经济运行效率，促进农业现代化和农村经济发展。

建立农村信息共享平台，降低信息成本。政府和社会组织可以搭建农业信息服务平台，提供市场行情、技术指导、政策法规等信息服务。通过信息共享平台，农民可以及时获取市场动态和技术信息，减少信息不对称，提高决策效率。发展农民合作组织，降低谈判成本。农民合作社可以集中农产品的供求信息，代表农民与买家进行集体谈判，提高议价能力，降低个体谈判的成本和风险。通过合作组织的统一管理和服务，可以提高交易效率和收益。

推广农产品标准化合同，降低合同成本。政府和行业协会可以制定和推广农产品交易的标准化合同，简化合同制定过程，减少合同签订的成本和风险。标准化合同可以明确交易条件和质量要求，保障交易双方的权益，减少纠纷。建立健全农产品质量监督体系，降低监督成本。通过政府部门和第三方机构的监督和检测，确保农产品质量和安全，减少交易双方在质量监督上的投入。建立农产品质量追溯系统，增强消费者信任，提高市场竞争力。

3. 交易费用理论在农业产业化中的作用

在农业产业化进程中，交易费用理论同样发挥着重要作用。通过降低各环节的交易费用，可以提升农业产业链的整体效率和效益。

推进农业产业链整合，降低各环节交易费用。通过发展农业龙头企业和农民合作组织，整合生产、加工、销售各环节，减少中间环节的交易费用。产业链整合可以实现规模经济和范围经济，提高整体效益。推广合同农业模式，降低市场交易费用。农民与企业签订订单合同，根据合同要求进行生产和交付，减少市场交易中的不确定性和风险。合同农业可以稳定农产品供求关系，保障农民收益，提高生产积极性。

发展农村电子商务，降低流通交易费用。通过电子商务平台，农民可以直接面对消费者进行农产品销售，减少中间环节和流通成本。电子商务可以拓宽农产品销售渠道，提高市场覆盖面和销售收入。完善农村物流配送体系，降低物流交易费用。政府和企业应加强农村物流基础设施建设，提升物流配送效率，减少农产品在运输过程中的损耗和成本。通过建立冷链物流系统，保障生鲜农产品的质量和安全，提高市场竞争力。

四、基于生态环境视角

（一）可持续发展理论

1. 可持续发展理论概述

可持续发展理论最早由挪威政治家布伦特兰夫人在1987年的《我们共同的未来》报告中提出，其核心思想在于追求经济、社会、环境的协调发展，确保当代人的发展不会以牺牲后代人的利益为代价。该理论强调公平性、持续性、共同性三大基本原则，旨在实现人类社会的长期繁荣与稳定。

2. 可持续发展理论与乡村振兴战略的关联

在乡村振兴战略背景下，可持续发展理论的应用主要体现在以下几个方面。

（1）生态环境保护：乡村振兴不能以牺牲环境为代价。可持续发展理论要求我们在推动乡村经济发展的同时注重生态环境的保护与修复，避免过度开发和污染，确保乡村自然资源的可持续利用。

（2）绿色农业发展：推动农业绿色转型是乡村振兴的重要内容。可持续发展理论鼓励采用生态农业、循环农业等绿色发展模式，减少化肥农药使用，提高资源利用效率，保障农产品质量安全，促进农业可持续发展。

（3）生态宜居乡村建设：建设生态宜居的美丽乡村是乡村振兴的重要目标。可持续发展理论要求我们在乡村规划、建设和管理中融入生态理念，加强乡村环境整治，提升乡村绿化美化水平，打造人与自然和谐共生的乡村生态环境。

（二）循环经济理论

循环经济理论主张在经济活动中通过资源的循环利用和废物的再生处理，减少资源消耗和环境污染，形成"资源—产品—废物—再生资源"的闭环循环体系。其核心理念包括以下几个方面。

1. 资源高效利用

通过优化资源配置和提高资源利用效率，最大限度地减少资源浪费和环境负荷。推动节约型生产和消费模式，降低资源消耗强度，提高资源利用效率。

2. 废物再生利用

通过废物的回收、再利用和再循环，减少废物排放，实现废物资源化。推动废物分类回收和再生处理，发展循环产业，提高废物利用率。

3. 生态设计

在产品设计和生产过程中，充分考虑资源节约和环境保护，减少产品生命周期内的资源消耗和环境影响。推动绿色设计和生态制造，提高产品的环境友好性和可循环性。

（三）生态价值理论

1. 生态价值理论概述

生态价值理论是对传统经济价值观念的拓展和深化。它认为，生态系统不仅为人类提供物质资源和生存环境，还承载着调节气候、保持水土、净化空气、维护生物多样性等多重生态功能,这些功能对于人类社会的可持续发展具有不可替代的价值。

2. 生态价值理论与乡村振兴战略的关联

在乡村振兴战略背景下,生态价值理论的应用主要体现在以下几个方面。

(1) 生态资源保护与利用:乡村振兴战略强调对乡村生态资源的保护和合理利用。生态价值理论要求认识到生态资源的稀缺性和有限性,通过科学合理的规划和管理,确保生态资源的可持续利用,避免过度开发和破坏。

(2) 生态农业与绿色发展:生态价值理论鼓励发展生态农业和绿色产业,通过采用环保的生产方式和技术,减少农业生产对环境的负面影响,同时提升农产品的品质和附加值,实现经济效益与生态效益的双赢。

(3) 生态补偿与激励机制:为了激励农民和乡村企业积极参与生态保护,乡村振兴战略可以借鉴生态价值理论,建立生态补偿和激励机制,对为生态保护做出贡献的个人和单位给予经济和政策上的支持和奖励。

五、基于社会文化视角

(一) 乡土文化理论

乡土文化是乡村居民在特定的地理环境和社会条件下形成的文化体系,具有地域性、传承性和生活性等特点。

(1) 地域性:乡土文化具有明显的地域特色,不同地域的乡土文化因自然环境、历史背景和人文积淀的差异而各具特色。乡土文化中的建筑风格、饮食习惯、节庆活动等都体现了地域文化的独特性。

(2) 传承性:乡土文化通过口传心授、家族传承等方式世代相传,具有较强的稳定性和延续性。传统手工艺、民间故事、乡村音乐等都是乡土文化的重要组成部分,其传承依赖于家庭、社区和村庄的共同努力。

(3) 生活性:乡土文化源于乡村居民的生产生活实践,具有浓厚的生活气息。乡村居民的生活习惯、风俗礼仪、宗教信仰等都是乡土文化的体现,其与人们的日常生活紧密相连。

(二) 农耕文化理论

所谓农耕文化,是指以种植经济为基础的农业社会文化,内容囊括了与耕作相关的农业思想、农业科技、农业制度法规、农事习俗以及价值取向和思维方式等。学界也称其为"小农文化"，具有封闭性、家族性、保守性、均等性、乡土性等特点，与现代开放的工业文明、商业文明相悖。农耕文化对于中华文明的重要性不言自明。

中华文明博大精深，其深厚的历史底蕴深深植根于悠久的农耕文化之中。由于长期的种植农业为主导的生产方式，中华民族的生产和生活方式都受到了深远影响，使得农耕文化成为中华文明不可或缺的基石。在中华文化中，"耕读传家"这一家庭模式被高度赞誉，体现了勤劳耕作与知识传承并重的价值观。从古老的"刀耕火种"方式，到后来精细化的"精耕细作"技术，中国的耕作技术曾在历史长河中长时间领跑世界。同时随着生产力的不断发展，从《吕氏春秋》到《齐民要术》等古代典籍中，可以窥见古代耕作制度的优化与变迁。这些制度不仅促进了农业生产的进步，还孕育并传承了诸如应时、取宜、守则、和谐等先进的农耕理念，成为中华文明宝库中的瑰宝。

在现代商业社会里，农耕文化的部分特征开始显得"不合时宜"。在当前乡村振兴战略实施的大背景下，应该关注农村经济产业结构的变化、生产方式的改变、新技术新业态的发展对"新农耕文化"带来的影响，以及文化响应机制和路径。

（三）社会质量理论

社会质量理论最早由英国专家艾伦·沃克于20世纪90年代初创立。从发端开始，社会质量就与社会治理、公共政策选择密切相关。欧洲学界将影响社会质量的因素分为三类：①条件性因素，包括社会—经济安全、社会凝聚、社会融入、社会赋权；②建构性因素，包括个人保障、个人能力、社会认知、社会反应；③规范性因素，包括社会公正、团结、平等、个人尊严。无独有偶，我国学者几乎与欧洲同一时期首次提出"社会质量"概念，不过后续研究未能跟上，后来待欧洲社会质量理论相对成熟后才进一步引进学习。王沪宁（1989）[1]最早涉足社会质量研究，他认为社会质量是指社会的非政治有序化程度，并将其进行分类，还提出了测量指标。在他看来，社会质量与社会治理密不可分。近年来，林卡成为社会质量理论的引介和研究的主要推动者，"该理论以'社会性'为逻辑起点，以'社会整合'为原则，为研究社会和谐问题奠定了哲学理论基础，

---

[1] 王沪宁. 中国：社会质量与新政治秩序 [J]. 社会科学, 1989 (6): 20-25.

在应用方面，也有助于优化社会政策和提高社会福利。"① 但目前我国关于社会质量的研究大多聚焦于条件性因素构建的四维社会质量评价体系，对建构性和规范性因素研究不足。

改革开放 40 多年来，我国总体社会质量显著提升，但城市和乡村对比，无论从社会质量评价的哪个维度来看，后者都还存在较大落差，例如生产效率、就业空间、人居环境、社会保障等。如何提升乡村社会质量、弥补我国社会发展全局短板成为当务之急。社会质量理论作为评价社会发展的一个新视角、一种新标准，为世界各国的社会政策实施和效果评价提供了新工具。近年来，国内学者运用该理论在精准扶贫、乡村治理、城乡融合等细分领域展开了大量研究，为乡村振兴战略提供了较强的理论支持。

---

① 韩克庆. 社会质量理论：一个研究综述 [J]. 东吴学术，2010，(1)：99.

第二章　农业与农业经济管理初探

第一节　农业的基础知识

充分认识、了解农业的基本知识，对于合理确定农业生产方向、生产布局，以充分利用自然经济资源和劳动时间，克服农业生产的季节性，提高劳动生产率，促进产品多次利用增值，获取最大的经济效益，都有非常重要的意义。

一、农业的概念及分类

（一）农业的概念及内涵

农业，简而言之，是人类利用土地资源，通过种植、养殖等方式获取动植物产品，以满足人类生活需求和进行经济交换的一种社会活动。其内涵丰富，不仅包括传统的农作物种植和畜牧业，还涉及林业、渔业等多个领域。农业的本质在于利用自然资源，通过人类的劳动和智慧，实现生物转化和物质循环，为社会提供丰富多样的农产品。

（二）广义的农业与狭义的农业

农业这一概念具有广义和狭义之分。广义的农业，也称为大农业，是一个综合性的概念，它涵盖了农作物种植、林业、畜牧业、渔业以及副业等多个方面，形成了一个庞大的产业体系。这种广义的理解强调了农业的多元性和综合性。

相比之下，狭义的农业则专指农作物种植，即利用土地资源进行农作物的耕种、管理、收获等一系列活动。狭义的农业更侧重于农作物的生产过程和技术，是广义农业中的一个重要组成部分。

（三）农业的分类

按生产对象分类：农业可以分为种植业、林业、畜牧业、渔业等。种植业主要关注农作物的种植和管理；林业涉及森林资源的培育和利用；畜牧业则关注动物的饲养和繁殖；渔业则专注于水生生物的捕捞和养殖。

按投入要素分类：农业可以分为劳动密集型农业、资金密集型农业和技术密集型农业。劳动密集型农业主要依赖大量的人力投入；资金密集型农业则需要较多的资本投入；而技术密集型农业则侧重于先进农业技术的应用。

按产品用途分类：农业可以分为自给性农业和商品性农业。自给性农业主要满足农民家庭自身的消费需求；而商品性农业则主要面向市场，生产用于交换的农产品。

二、农业的发展史

(一) 中国原始农业的形成

在人类诞生的初期，人类既不懂得什么是农业，也没有进行任何农业生产活动，而是以渔猎和采集为生。农业究竟从何时开始，这是有文字记载历史以前的事情，所以无从准确考察。但从考古的发现中可以推测，人类谋取衣食的活动始于渔猎，然后转向畜牧业，再由畜牧业发展为农业，所以将人类生活的进化顺序分为渔猎、畜牧、农业三个时代。这三个时代的先后顺序的划分是就一般情况而言，在某些地方，可能不必依此顺序发展。有的地方可能未经过渔猎阶段，而从采集活动开始，直接过渡到畜牧阶段，再过渡到农业阶段，或直接从采集阶段过渡到农业阶段。有的地方也可能直接从渔猎阶段进入农业阶段。

(1) 在人类早期阶段，渔猎活动和采集活动往往相互交织，共同构成了人们生存的主要方式。这是因为单独依赖渔猎或采集往往难以满足人类复杂的生存需求。这种交织的方式在不同的地区呈现出不同的特点。有些地方可能更侧重于渔猎，而另一些地方则可能更侧重于采集。而且，就这两项活动谁先谁后的问题而言，不同地区也表现出不同的顺序。有的地方可能首先发展了渔猎技能，而有的地方则可能首先掌握了采集的技巧。这种多样性体现了人类适应自然环境的灵活性和多样性。

(2) 畜牧业始自于人类对野生禽兽的长期驯化。在人类早期的狩猎阶段，随着狩猎成果的逐渐丰富，人们开始将捕获的禽兽暂时圈养起来，留待日后食用。在这个过程中，人们偶然发现这些未被宰杀的野生禽兽具有繁殖后代的能力。利用这一发现，人类开始有意识地饲养这些易于驯化的野生禽兽，随着时间的推移，它们逐渐演化成了家禽家畜，从而开启了畜牧业的篇章。与此同时在捕捞水生生物的过程中，人类逐渐掌握了水域人工养殖的技巧。通过模拟自然水域的环境，人们成功地在人工环境中繁殖和养殖水生生物，由此渔业及水产业应运而生。种植业的起源同样源于人类的采集活动。在采集野生植物的过程中，人们发现了一些野生植物的果实和种子具有落地再生的能力。基于这一发现，人类开始尝试种植这些植物，通过不断地实践和改良，逐渐形成了系统的植物栽培活动，并最终发展为种植业。这些产业的发展不仅丰富了人类的食物来源，也为社会的经济发展奠定了坚实的基础。

（3）关于我国农业的起源有许多传说。早在五六十万年以前，我国的土地上就生活着原始人类。在旧石器时代，我们的祖先即进行采集和狩猎经济活动。种植业和畜牧业始于新石器时代，在新石器时代，生产力水平十分低下，人类的生活十分艰苦，人们用石锄、石铲、石刀和木棍等进行集体的耕作和收获，所获得的食物远远不能满足人类的生活需要，人们还必须进行采集、渔猎等活动来取得必需的生活资料。到了距今3000多年前的殷商时期，农业生产在社会经济生活中占据了十分重要的地位，历法已经出现，这说明农业技术有了相当发展。

人类谋取衣食的活动从渔猎到养殖、从采集到栽培是一个漫长的历史演进和转化过程，这个过程直到今天仍然继续着，如今野生植物的采集、水生动物的天然捕捞以及狩猎活动仍作为农业的补充而存在。农业从无到有，从低级到高级，显示了人类征服自然、改造自然的能力和无穷的智慧。人类不但能够创造农业，而且能够不断发展农业。在未来的历史长河中，人类还将不断开创灿烂的农业文明。

（二）农业的发展阶段

1. 原始农业阶段

在原始社会，人类开始尝试种植作物和驯养动物，这标志着农业的初步形成。此时的农业生产方式极为原始，主要依赖简单的工具和自然环境的恩赐。农作物种类有限，产量也相对较低，农业活动主要满足部落或家庭的基本生活需求。

2. 传统农业阶段

随着社会的进步和生产力的发展，农业逐渐从原始状态向传统农业转变。在这一阶段，农民开始使用更为先进的农具和耕作技术，农作物的种类和产量也有所增加。传统农业仍然受到自然条件的严重制约,农民对自然环境的依赖性较强,农业生产方式相对单一,生产效率有待提升。

3. 现代农业阶段

进入20世纪以后,特别是近几十年来,农业经历了前所未有的变革,进入了现代农业阶段。现代农业以科学技术为支撑,广泛运用现代化的农具、化肥、农药和先进的耕作技术,实现了农作物的高产和优质。同时农业产业结构也发生了深刻变化,农业生产逐渐走向专业化、商品化和市场化。现代农业的发展不仅满足了人类日益增长的食品需求,也为乡村经济的繁荣和社会的进步做出了重要贡献。

三、农业的特征

农业的特征表现在农业生产过程中,是利用植物再生产及其生长发育规律,植物吸收土壤中的水、肥和空气中的二氧化碳,利用太阳能进行光合作用,把无机物转化为有机物,把太阳能转化为化学能。动物则利用其自身生长和发育规律,消耗植物的有机物和化学能,转化为动物蛋白、脂肪和动物的化学能。动物排泄物及动植物尸体经过微生物的分解,又变成为植物可以吸收利用的无机物。这是农业的自然再生产过程及其所形成的农业生态循环。

农业生产过程是指人们利用农业自然再生产及其生态循环规律,以人的劳动(包括活劳动和物化劳动)投入,来强化和控制这种自然生产过程及其生态循环,以使农业生产过程有更大的产出成果。如种植业的良种培育、施用化肥、农药和进行田间耕作,畜牧业的杂交、育种、复合饲料及其科学饲喂方法等,这就是人们常说的经济再生产过程。人们的一切生产技术活动和管理活动,都是这种直接的经济再生产过程和为经济再生产服务的过程。所以,农业生产过程是自然再生产和经济再生产相交织的过程。自原始动植物的自然再生产转化为人类社会的一个国民经济生产部门后,这种交织在一起的结合过程,就表现为农业与其他部门不同的根本特征。

(一)土地是农业不可替代的基本生产资料

土地是一种自然的产物,是不可再生的资源。但现代意义上的土地,已不只是自然的产物,而是凝结了人类劳动的产物。对于国民经济的其他部门来说,土地只是作为劳动的场所,虽也是必不可少的,但对其生产服务活动及其成果,没有直接的影响。农业则是以土地作为基本生产资料。如种植业是通过土地来吸收水分和无机盐，利用阳光进行光合作用，转化为有机物；养殖业是利用土地种植的饲料作物，消耗植物有机物质转化为动物产品。

（二）农业生产的季节性

农业的自然再生产过程高度依赖于太阳能和土地，其中太阳能的作用尤为关键。由于地理位置的差异、四季的轮转以及植物特有的适应性，农业生产活动展现出了强烈的季节性特点。这种特点与其他国民经济部门形成了鲜明对比，使得农业的经济再生产过程必须严格遵循自然再生产的规律和节奏，以有序且间断的方式进行。这种依赖性和特殊性使得农业生产成了一个既需要科学规划又需要细致管理的复杂系统。

（三）农业生产的生态循环平衡性

农业生产是一种生物生产，各生产环节有其相适应的生态环境条件。植物利用太阳能和土壤中的水、肥和空气中的二氧化碳，将无机物转化为有机物；动物则利用植物生产的成果，转化为动物产品。同时动植物尸体和动物排泄物，又为微生物所利用，分解为植物所能利用的无机物质，整个农业生产过程都是环环相扣的。如果哪一个环节发生破坏，就会影响到农业生产的生态平衡，造成农业生产的减产。必须建立农业的可持续发展战略，保持生态平衡，争取最佳的农业生产效益。

（四）农产品生产消费的多样性

农业生产具有显著的多样性，能够同时产出多种主产品和副产品，以满足生产和生活中不同层面的需求。例如棉花生产不仅提供棉花纤维，还能产生棉籽用于油料或饲料，以及棉柴作为生物质资源。同样地，牛、羊等畜牧业产品也极为丰富，包括羊毛、羊奶、羊肉和皮革等，各自具有独特的用途和价值。更值得一提的是，同一农牧产品往往具有多重用途。以玉米为例，它既可以作为粮食供人们食用，也能作为饲料用于畜牧业，还可以作为工业原料，在多个行业中发挥重要作用。同一种用途的农产品既可以满足农户的自给性消费，也可以作为商品在市场上销售，实现经济价值的最大化。合理利用和开发农产品资源，对于促进农业多种经营，特别是工业、副业的发展具有至关重要的意义。这不仅能够提升农业的综合效益，还能够推动农村经济的多元化发展。

第二节　农业经济管理的内涵及职能

农业经济管理属于管理学科，主要工作包括：充分利用各种农业自然资源和社会经济资源、合理组织农业生产与正确处理生产关系和上层建筑两个方面。在组织农业生产力方面，如规范确定农业各部门的生产结构；处理农、林、牧、副、渔五业的相互关系；正确利用农业各种资源、生产资金和生产资料等。在处理生产关系和上层建筑的方面，正确处理国家、地方和企业之间，地方与地方之间，企业与企业之间以及企业与个人之间，个人与个人之间在生产、交换、分配和消费等方面的相互关系。

一、农业经济管理的内涵

1. 资源配置与利用

农业经济管理的首要任务是优化农业资源配置和利用，农业资源包括土地、水、劳动力、资金、技术等。通过科学规划和管理，合理分配和高效利用这些资源，可以最大限度地提高农业生产效率和产出水平。

（1）土地资源管理

土地是农业生产的基础资源，农业经济管理需要科学合理地规划和利用土地资源，推动土地流转和集约化经营，提升土地利用效率。通过制定土地利用规划，实施土地整治和保护措施，保障农业用地的数量和质量。

（2）水资源管理

水资源是农业生产的重要条件，农业经济管理需要加强水资源的保护和利用，推动节水灌溉技术的应用，提高水资源利用效率。通过建设和维护农田水利设施，合理配置和调度水资源，确保农业生产的用水需求。

（3）劳动力管理

劳动力是农业生产的核心要素，农业经济管理需要合理配置和优化劳动力资源，提升劳动生产率。通过加强农民技能培训，推广农业机械化和智能化技术，减少劳动强度，提高农业生产效率。

（4）资金与技术管理

资金和技术是推动农业现代化的重要动力，农业经济管理需要加强资金筹措和技术推广，推动农业科技创新和成果转化。通过建立多元化的融资渠道，提供财政补贴和贷款支持，保障农业生产的资金需求。通过推广先进农业技术和装备，提升农业生产的科技含量和竞争力。

2. 生产组织与经营管理

农业经济管理的重要内容之一是农业生产组织和经营管理。科学合理的生产组织和经营管理可以提高农业生产的组织化程度和市场竞争力。

（1）生产组织形式

农业生产组织形式包括家庭农场、农民合作社、农业企业等，农业经济管理需要根据不同的生产条件和市场需求，选择合适的生产组织形式，提高农业生产的组织化程度和规模效益。通过发展农民合作社和农业龙头企业，推动农业产业化经营，提升农业生产的市场竞争力。

（2）经营管理模式

农业经营管理模式包括订单农业、合同农业、绿色农业等，农业经济管理需要创新经营管理模式，提升农业生产的市场适应能力和可持续发展能力。通过推广订单农业和合同农业，稳定农产品供求关系，提高农产品市场竞争力。通过发展绿色农业和有机农业，提升农产品的质量和附加值，满足市场需求。

3. 市场流通与营销管理

农业经济管理的另一个重要内容是市场流通和营销管理，通过科学合理的市场流通和营销管理，可以扩大农产品销售渠道，提升农产品市场竞争力和农民收入。

（1）市场流通体系

农业市场流通体系包括农产品批发市场、农贸市场、农村电商平台等。农业经济管理需要建立健全的市场流通体系，保障农产品的顺畅流通和销售。通过建设现代化的农产品批发市场和物流配送体系，提升农产品流通效率和市场覆盖面。通过发展农村电商平台，拓宽农产品销售渠道，提高农产品市场竞争力。

（2）营销策略

农业营销策略包括品牌建设、市场推广、质量认证等，农业经济管理需要创新营销策略，提升农产品的市场影响力和竞争力。通过培育和推广农产品品牌，提高农产品的知名度和附加值。通过开展市场推广活动，扩大农产品的市场份额和消费群体。通过实施农产品质量认证，提升农产品的市场信任度和认可度。

4. 农业政策与制度管理

农业经济管理离不开政府的政策支持和制度保障。通过科学合理的农业政策和制度管理，可以引导和规范农业生产和经营活动，促进农业经济的持续健康发展。

（1）农业政策

农业政策包括农业补贴政策、税收优惠政策、金融支持政策等，农业经济管理需要制定和实施科学合理的农业政策，保障农业生产的稳定和发展。通过提供农业补贴和财政支持，减轻农民负担，提高农民收入。通过实施税收优惠政策，鼓励农业投资和创新，促进农业现代化发展。通过提供金融支持，保障农业生产的资金需求，推动农业产业化经营。

（2）农业制度

农业制度包括土地制度、水资源管理制度、农产品质量安全制度等，农业经济管理需要健全和完善各项农业制度，规范农业生产和经营行为。通过完善土地制度，保障农民的土地权益，推动土地流转和集约化经营。通过健全水资源管理制度，合理配置和利用水资源，提高水资源利用效率。通过实施农产品质量安全制度，保障农产品质量和食品安全，提升农产品的市场竞争力。

农业经济管理是推动农业现代化和乡村振兴的重要手段，其内涵涵盖了资源配置与利用、生产组织与经营管理、市场流通与营销管理、农业政策与制度管理等方面。通过科学合理的农业经济管理，可以提高农业生产效率，增加农民收入，促进农业可持续发展，实现乡村振兴的目标。在乡村振兴战略背景下，农业经济管理的重要性更加凸显，需要政府、社会和农民的共同努力，不断创新和完善农业经济管理模式和方法，为农业经济的持续健康发展提供有力支持。

二、农业经济管理的职能

农业经济管理的职能主要包括以下几个方面。

（1）决策。决策就是要遵照客观规律的要求，对国家、地区和企业在一定时期内的农业经济发展趋势、奋斗目标以及实现这些目标所应采取的重大措施等做出选择。

（2）计划。有了奋斗目标和正确的决策之后，还必须制定详细具体的计划，以指导国家、地区和企业对人力、物力、财力进行合理分配，保证实现决策所规定的目标。

（3）组织。组织就是为了实现决策目标和计划部署：把农业经济活动中生产力的各个要素，生产、交换、分配和消费等各个环节，从劳动的分工协作和时间、空间的相互联结上，都合理地组织起来，形成一个有机的整体，以发挥其最大的经济效能，取得最大的经济效益。

（4）指挥。指挥就是对经济管理的各级机构和人员的活动进行领导和监督，使他们履行自己的职责，消除无人负责的现象，保证各个部门密切配合，有计划按比例地进行农业经济活动。

（5）调节。调节就是调整和处理经济活动中各方面的相互关系，解决他们之间出现的矛盾和分歧，使他们协调一致，为实现共同的目标而努力。

（6）监督。监督就是对经济活动中决策、计划的执行情况，进行系统的检查和精确的核算，对执行中发生的偏差进行预防和处理。监督还必须同教育和鼓励密切结合起来。

（7）服务。服务就是为了保证决策目标和计划的实现，在农业生产总过程中搞好产前、产中、产后所需要的情报信息、技术资料、定量分析、经济预测、成本分析、经济核算、收入分配等各种服务。

（8）教育。为了确保农业生产全过程中生产、交换、分配和消费等经济活动始终遵循社会主义原则，并严格执行党的政策和法律，我们需要妥善处理各种经济关系，并努力提升农民的政治思想、科学文化以及生产技术素质。为此，对农民进行系统的教育至关重要，这包括马列主义毛泽东思想教育、政策教育、法制教育、道德教育、文化教育以及各类业务教育。在推进这一过程中，我们既要注重物质文明建设，也不能忽视精神文明建设，两者相辅相成，共同推动农业经济的全面发展。农业经济管理的基本职能之间紧密相连，它们既相互制约又相互促进。为了实现对农业经济活动的有效管理，我们必须善于运用这些职能，确保农业经济的健康、稳定、可持续发展。

第三节 农业经济管理的性质及目标

一、农业经济管理的性质

农业经济管理是一种管理活动过程。农业经济管理的过程就是对农业经济活动中的各个要素进行合理配置与协调，在这个过程中，包括了人与人、人与物、物与物的关系协调处理。农业经济的管理，必然表现出生产力合理组织方面的活动和工作，也必然表现出正确的维护和调整生产关系方面的活动和工作。

（一）自然属性

农业经济管理具有与生产力紧密相连的特性，这种特性通常被称为其自然属性，因为它直接受到生产力水平的制约。在管理实践中，对生产力的合理组织正是管理活动自然属性的体现。这种合理组织意味着将人力资源、土地资源等自然资源以及生产资料等生产要素视为具有自然属性的使用价值，通过科学的方式进行配置和使用。

具体而言，这包括了对土地等自然资源的合理开发和利用，确保资源的可持续性和高效性；对劳动力的合理组织，优化人力资源配置，提高劳动效率；以及对农业生产资料的合理配备和使用，确保生产过程中的物质条件得到充分满足。通过这些措施，我们可以最大限度地发挥生产要素和自然资源的效益，从而推动农业经济的稳健发展。

（二）社会属性

1. 服务于社会整体利益

农业经济管理不仅仅关注农业生产的经济效益，更重要的是要服务于社会的整体利益。在乡村振兴战略背景下，农业经济管理需要促进农村社会的全面发展，包括经济、社会、文化和生态等多个方面。它要求我们在制定农业经济管理政策时，必须充分考虑农村社会的整体需求和长远利益，以实现农村社会的可持续发展。

2. 涉及多方利益关系

农业经济管理涉及多方利益关系，包括农民、农业企业、政府、消费者等。这些利益主体在农业经济管理过程中有着不同的诉求和利益关注点。农业经济管理需要在这些利益主体之间寻求平衡和协调，以确保各方利益的合理实现。在乡村振兴战略中，需要关注农民的利益诉求，促进农业企业的健康发展，同时确保政府政策的公平性和有效性，以及消费者的权益保护。

3. 受社会制度和文化影响

农业经济管理深受社会制度和文化的影响，不同的社会制度和文化背景会导致农业经济管理方式和模式的差异。在乡村振兴战略背景下，充分考虑我国的社会制度和文化传统，制定符合我国国情的农业经济管理政策和实践模式。深入了解我国农村社会的历史、文化和社会结构，以确保农业经济管理政策的有效性和可持续性。

二、农业经济管理的目标

（一）实现农业增效、农民增收

实现农业增效、农民增收是农业经济管理的首要目标。这一目标旨在通过提升农业生产效率和增加农民收入，改善农民生活水平，促进农村经济发展。

1. 提高农业生产效率

通过引进先进农业技术、推广现代农业装备和实施科学种植养殖方法，提高农业生产效率。具体措施包括：推广优良品种、采用机械化耕作、实施精准农业技术、加强农业科技培训等。提高农业生产效率不仅可以增加农产品产量，还能降低生产成本，提升农业竞争力。

2. 增加农民收入

增加农民收入是实现农村经济繁荣和农民生活富裕的重要途径。具体措施包括：发展高附加值农业产品，拓展农产品加工和销售渠道，推动农村电商发展，支持农民创业创新等。通过多种经营模式和产业融合，增加农民收入来源，提升农民经济水平。

3. 推动农村就业

通过发展多样化的农业和非农产业，增加农村就业机会，减少农村劳动力外流。具体措施包括：支持发展乡村旅游、休闲农业、手工业和服务业等，吸引农村劳动力就地就业，促进农村劳动力的充分利用和增收。

（二）保障农产品生产供应

保障农产品生产供应是农业经济管理的重要目标之一。这一目标旨在确保农产品生产的数量和质量，满足城乡居民的消费需求，维护国家粮食安全和市场稳定。

1. 确保粮食安全

粮食安全是国家安全的重要组成部分。农业经济管理需要通过政策支持和技术创新，保障粮食生产的稳定和增长。具体措施包括：实施粮食生产扶持政策，推广高产优质粮食品种，加强农田基础设施建设，提升粮食储备和供应能力。

2. 提高农产品质量

提高农产品质量是满足市场需求和提升农产品竞争力的关键，农业经济管理需要通过标准化生产、质量监控和品牌建设，提高农产品的安全性和品质。具体措施包括：建立农产品质量标准体系，实施农产品质量安全监管，加强农产品品牌推广，提升农产品的市场认可度。

3. 完善农产品流通体系

完善农产品流通体系是保障农产品供应的重要环节，农业经济管理需要通过建设现代化的物流设施和流通网络，提高农产品的流通效率和供应能力。具体措施包括：建设农产品批发市场和物流园区，发展农村电商平台，优化冷链物流体系，确保农产品的新鲜和安全。

（三）优化农业结构，提升层次

优化农业结构，提升层次是农业经济管理的长期目标。这一目标旨在通过调整农业产业结构和提升农业产业层次，实现农业的可持续发展和综合竞争力的提升。

1. 调整农业产业结构

调整农业产业结构是提升农业效益和可持续发展的重要途径。农业经济管理需要通过政策引导和市场调控，推动农业产业结构的优化升级。具体措施包括：调整种植结构，发展高效、生态和特色农业，推广绿色农业和有机农业，提升农业的综合效益。

2. 推动产业融合

推动产业融合是提高农业附加值和竞争力的重要手段。农业经济管理需要通过政策支持和创新驱动，推动一二三产业的融合发展。具体措施包括：发展农产品加工业，延长农业产业链，推动休闲农业和乡村旅游，促进农业与文化、科技、金融等产业的深度融合，提升农业的综合竞争力和可持续发展能力。

3. 提升农业科技水平

提升农业科技水平是实现农业现代化和可持续发展的关键，农业经济管理需要通过加强农业科研和技术推广，提高农业科技创新能力和应用水平。具体措施包括：加大农业科研投入，推广农业科技成果，加强农民科技培训，提升农业生产的科技含量和效率。

4. 实现绿色发展

实现绿色发展是农业可持续发展的重要目标。农业经济管理需要通过推广生态农业技术和环保措施，减少农业生产对环境的负面影响，推动农业的绿色转型。具体措施包括：推广节水灌溉、绿色防控、生态种养结合等技术，减少农药和化肥的使用，保护农业生态环境，实现农业的绿色发展。

农业经济管理的目标包括实现农业增效、农民增收，保障农产品生产供应，以及优化农业结构，提升层次。这些目标既相互关联，又各具特色，共同构成了农业经济管理的综合体系。通过科学合理的农业经济管理，可以提高农业生产效率和竞争力，增加农民收入和生活水平，确保农产品的数量和质量，推动农业产业结构优化和绿色发展，实现乡村振兴的总体目标。在乡村振兴战略背景下，农业经济管理的重要性日益凸显，需要政府、社会和农民的共同努力，不断创新和完善农业经济管理模式和方法，为农业经济的持续健康发展提供有力支持。

第四节　农业经济管理的一般内容

我国的农业经济管理是社会主义经济管理的组成部分，它包括整个农业部门．经济管理和农业经营主体的经营管理。"农业部门的经济管理包括农业经济管理的机构和管理体制、农业经济结构管理、农业自然资源管理、农业生产布局管理、农业计划管理、农业劳动力资源管理、农业机械化管理、农业技术管理、农用物资管理、农产品流通管理和农业资金管理等宏观经济管理。"[①]

农业经营主体的经营管理涵盖了集体所有制农业企业和全民所有制农业企业等多种类型，其管理内容主要聚焦于微观经济管理层面，包括决策管理、计划管理、劳动管理、机务管理、物资管理、财务管理以及收益分配等方面。宏观农业经济管理与微观农业经济管理之间存在着紧密的联系，它们如同整体与局部的关系，相互依存、相互促进，同时也相互制约。无论是宏观还是微观管理，其核心目标都涉及生产关系的完善、上层建筑的调整，以及生产力的合理组织和有效利用，这些都是推动农业经济健康稳定发展的关键所在。

---

① 王培志．农业经济管理［M］．济南：山东人民出版社，2016：240．

一、农业部门的经济管理与农业企业的经营管理

农业经济管理包括整个农业部门的经济管理和农业企业的经营管理。

农业部门的经济管理是宏观的农业经济管理。农业部门经济管理是从宏观的角度,正确处理农业同国民经济其他各个部门之间的相互关系、中央到地方各级农业部门之间的相互关系、农业内部各业态之间的相互关系、农村三大产业之间的相互关系,以及农业生产力各要素之间的相互关系。并从这些相互关系中,研究和揭示宏观农业经济管理的规律性,并遵循这些规律性,实行必要的宏观控制。

农业企业的经营管理是微观的农业经济管理,包括经营目标、经营结构、经营方式以及为实现经营目标而采取的一系列重大措施。企业经营是指最有效地利用企业的地理条件、自然资源和各种生产要素,合理地组织经济活动,以获得尽可能好的经济效益的经济活动全过程。所以,企业经营是与直接的生产活动或劳务活动相联系的。

农业部门的经济管理与农业企业的经营管理是整体与局部、宏观与微观的关系,两者相互依存、相互制约、相互促进,农业经济管理必须处理好两者的关系,既要实行宏观控制又要使微观搞活。

二、农业经济管理内容的两个方面

农业经济管理的内容,无论是宏观的农业经济管理,还是微观的农业企业经营管理,总的讲都可以概括为两个方面,一是正确处理生产关系和上层建筑的问题;一是合理组织和有效利用生产力问题。

农业经济管理在优化生产关系和上层建筑方面,致力于完善生产关系以更好地适应和促进农业生产力的发展,同时调整上层建筑以确保农业公有制经济的稳固与持续发展。农业经济管理的核心研究聚焦于农业生产力及其组成要素的合理组织和高效利用。尽管这一领域涉及自然科学的应用并遵循自然规律,但主要不是从自然科学角度研究其规律,而是从社会经济现象的角度,探索其发展的经济规律。这包括研究农业生产力的合理布局、劳动力资源、土地(自然)资源、农业机械的合理利用,以及农业生产力各要素间的最佳组合方式。农业经济管理还涉及农业现代化发展的规律,以及农业技术选择和评价的原理原则,旨在推动

农业经济的持续繁荣和现代化进程。

以上，在农业经济管理中，正确处理生产关系、上层建筑和合理组织生产力问题，最核心的都是人的问题。作为农业劳动者，在上层建筑中是以享有一定的社会权利和负有一定的社会义务的法律人身份出现的，在生产关系中是作为一定经济关系中的人的身份出现的，在生产力中是作为能动的生产力要素的身份出现的。在不同的领域里对农业劳动者的管理问题，既相互联系，又各有不同的内容、方法和特点。

在农业经济管理中，正确处理上层建筑方面的问题，必须正确规定农业劳动者应享有社会权利和应负的社会义务，并采取强有力的措施维护劳动者的社会权力使他们履行自己的义务。从农业经济管理的角度来看，最重要的是：

第一，制定正确的政策，用政策教育人，使大家懂得政策和执行政策，使大家的行动统一在正确的政策轨道上。

第二，健全社会主义法治，利用法律手段管理人。每个社会主义农业劳动者既受到法律的保护，又必须遵守法规，人人有法可依。如何进一步健全法制，广泛深入地开展法制教育，使大家按法行事，既是全社会的事情，也是农业经济管理亟待解决的问题。作为农业经济管理，除了那些共同法规之外，还有农村中的特有的法规问题，必须尽快健全起来。要使农业劳动者每个人的言行纳入统一的"法规"的轨道上。

要加强社会主义公德和职业道德教育，通过这一手段使农村广大劳动者的言行纳入社会主义道德规范。我国几千年来的封建社会都是用孔孟之道来规范人们的行动，而在资本主义国家是用资产阶级道德来规范人们的行为，我们是社会主义国家，必须破除一切旧的道德规范，要用共产主义道德、无产阶级的道德来规范人们的行为。

在农业经济管理过程中，强调广大农业劳动者遵守公德和职业道德是至关重要的。显然，如果缺乏有效的道德教育，劳动者的管理将难以达到理想效果。农业经济管理必须紧密结合其特点，强化政策手段、法律手段和道德教育的综合运用。这三者既需要独立发挥作用，又需要相互补充、相互支持。这样，农业劳动者的行为举止便能依据明确的是非标准进行判断，即受到政策指导、法律约束和道德规范的共同影响。通过这三方面的有效实施，将有力推动农村社会主义经济的稳固与发展。

正确处理农业的生产关系，核心问题是要尊重和维护作为公有制为基础的生产关系的主人——劳动者在生产、分配、交换和消费中的地位和权利，同时又要合理规定他们应承担的经济义务。最重要的是要抓好两条：一是正确处理好国家、集体（企业）和劳动者三者之间的物质利益关系；二是切实贯彻按劳分配原则。为此，就需要借助与价值相联系的各种经济手段，正确处理好体现劳动者的物质利益的各种经济关系。

在农业生产力中，劳动者是以能动的生产要素的身份出现的，对作为生产力中的能动要素的农业劳动者的管理问题，具有其特殊的内容、方法和特点。其核心问题是知人善任和提高劳动者的素质。知人善任，就要了解劳动者的劳动能力和特长，在安排工作时，做到人尽其才，还必须注意劳动者组合过程中的"群体结构"，对不同特长、爱好、学识、能力、性格、年龄、行为、兴趣、态度等，根据工作性质的特点，加以科学地组合，以发挥结构的整体效应。在管理中，只有使劳动者与劳动手段、劳动对象合理结合，才能充分发挥劳动者在生产力中的能动作用。

在优化生产力组织的过程中，我们必须高度重视提升劳动者的各项素质，这些素质包括科学文化素质、思想素质、身体素质以及管理素质等。对劳动者的管理，既要善于识别、珍惜和合理利用他们的才能，又要致力于培养和教育，不断提升他们的能力。通过合理的生产资料配置，将劳动者的能力转化为生产力，以实现为社会创造更多物质财富或提供优质服务的目的。

实际上，每个劳动者都身处于复杂的社会关系、经济关系和生产力要素之中。在农业经济管理中，对农业劳动者的管理可以概括为两个核心方面：一是妥善处理好人与人之间的社会关系和经济关系，确保和谐稳定的工作氛围；二是优化人与物的关系，即劳动者与生产资料之间的配置和利用，以实现高效生产。最终目标是充分发挥劳动者的生产积极性和他们在生产中的重要作用，为社会做出更大的贡献。

三、农业经济管理的二重性

从农业经济管理的内容看，农业经济管理具有二重性：一是由生产关系、社会制度所决定的社会属性。在不同的社会制度下，农业经济管理的社会属性是不同的，表现为所维护的社会生产关系和所要实现的社会生产目的不同。在资本主义制度下，资本主义的生产过程是商品生产的劳动过程和资本的增殖过程的统一。资本主义的农业经济管理一切是为了资本家通过对农业工人的剥削而获得价值增值即剩余价值服务的。在社会主义制度下，农业经济管理是维护社会主义生产关系，管理的权力归劳动者掌握，管理的目的是发展社会主义农业生产，满足人民不断增长的需要。二是由生产力、社会化生产所决定的自然属性。

正确认识农业经济管理的二重性具有重要意义，可以帮助我们正确区分社会主义经济管理和资本主义经济管理的异同，正确对待外国经济管理的经验，建立和发展我国的农业经济管理科学。

第三章 乡村振兴战略背景下的农业经济管理策略

第一节 乡村振兴战略背景下农业经济管理的意义

一、乡村振兴背景下农业经济管理概述

在乡村振兴战略的大背景下，农业经济管理被赋予了新的历史使命和时代内涵。这一节将深入探讨乡村振兴战略与农业经济管理的紧密关系，以及乡村振兴背景下农业经济管理的新目标。

(一) 乡村振兴战略与农业经济管理的关系

乡村振兴战略是国家为推动农业农村现代化、提升农民生活水平而制定的重要战略。在这一战略中，农业经济管理扮演着至关重要的角色。农业经济管理是乡村振兴战略实施的基础和支撑。通过有效的农业经济管理，可以优化农业资源配置，提高农业生产效率，为乡村振兴提供坚实的物质基础。农业经济管理是乡村振兴战略的重要组成部分。在乡村振兴战略中，农业经济管理不仅关注农业生产本身，还涉及到农村社会的经济、社会、文化和生态等多个方面，是推动乡村全面振兴的重要手段。

(二) 乡村振兴背景下农业经济管理的新目标

在乡村振兴战略的引领下，农业经济管理也面临着新的目标和挑战，新目标主要体现在以下几个方面。

(1) 促进农业产业升级：通过农业经济管理，推动农业产业结构优化和升级，发展现代农业、绿色农业和特色农业，提高农业产业的竞争力和可持续发展能力。

(2) 增加农民收入：农业经济管理要致力于提高农民的生产经营能力，拓

宽农民增收渠道，确保农民在乡村振兴过程中获得实实在在的利益。

（3）改善农村生态环境：在农业经济管理过程中，要注重保护农村生态环境，推动农业绿色发展，实现农业生产与生态环境的和谐共生。

（4）推动农村社会全面发展：农业经济管理不仅要关注农业生产本身，还要涉及到农村社会的经济、社会、文化和生态等多个方面，推动农村社会的全面发展和进步。

综上所述，乡村振兴战略背景下的农业经济管理具有重要的意义和新的目标。不仅是乡村振兴战略实施的基础和支撑，还是推动乡村全面振兴的重要手段。在新的历史时期，需要不断创新农业经济管理理念和方法，为实现乡村振兴战略的宏伟目标贡献力量。

二、乡村振兴背景下农业经济管理的意义体现

（一）加大各地区农业经济发展指导力度

在乡村振兴背景下，加强对各地区农业经济发展的指导力度是促进农业现代化和农村经济增长的关键措施。

1. 政策引导

通过制定和实施科学合理的农业政策，政府可以有效引导各地区农业经济的发展方向。政策引导包括农业补贴政策、税收优惠政策、金融支持政策等。通过这些政策措施，鼓励农民和企业进行农业生产和投资，提高农业生产积极性。

2. 技术指导

农业经济管理需要加强对各地区农业技术的推广和应用，通过农业技术培训、技术服务和技术推广，帮助农民掌握先进的农业生产技术，提高农业生产效率和农产品质量。建立农业技术推广体系，发挥农业科研机构和技术推广部门的作用，为农民提供技术支持和指导。

3. 市场指导

市场指导是提高农业经济效益的重要手段，农业经济管理需要帮助农民了解市场需求，掌握市场信息，制定合理的生产和销售计划。通过建立农产品市场信息平台，提供市场供需、价格动态等信息，指导农民进行科学种植和销售，减少市场风险。

(二) 清除阻碍农业经济发展的障碍

1. 消除信息不对称

信息不对称是影响农业经济发展的重要障碍。通过建立农业信息服务平台，提供全面、准确、及时的市场信息和技术信息，帮助农民了解市场动态和技术进展，减少信息不对称，提高决策效率。

2. 解决融资难题

融资难是制约农业经济发展的瓶颈问题。农业经济管理需要创新金融服务模式，拓宽融资渠道，提供多样化的金融产品和服务。通过政策性贷款、商业银行贷款、农村合作金融等方式，解决农民和农业企业的资金需求，促进农业生产和经营。

3. 改善基础设施

基础设施建设滞后是阻碍农业经济发展的重要因素。通过加大农村基础设施建设投入，改善农村道路、水利、供电、通信等基础设施条件，为农业生产提供良好的基础保障。特别是加强农田水利设施建设，提高农业抗灾能力和生产效率[①]。

(三) 完善农业现代化发展制度

1. 健全农业法律法规

农业法律法规是规范农业生产和经营行为的重要依据，农业经济管理需要健全和完善农业法律法规，保障农民和企业的合法权益。通过制定和实施农业生产、农产品质量安全、土地管理等方面的法律法规，规范农业生产和市场行为，提高农业生产的法治化水平。

2. 完善农业支持政策

农业支持政策是促进农业发展的重要手段，农业经济管理需要不断完善农业支持政策，提供政策扶持和资金支持。通过实施农业补贴、农业保险、农业信贷等政策措施，支持农业生产和经营，降低农业生产风险，增强农业发展后劲。

3. 推动农业制度创新

制度创新是农业现代化的重要动力，农业经济管理需要推动农业制度创新，

---

① 朱艳玲.乡村振兴视域下农业经济管理的优化对策分析[J].中国市场，2023，(20)：96.

建立健全现代农业经营体系。通过土地流转制度、农民合作社制度、农业企业制度等方面的创新，提升农业生产的组织化和规模化水平，提高农业生产效率和竞争力。

(四) 增加农民的经济收益

1. 提高农产品附加值

提高农产品附加值是增加农民收入的重要途径，农业经济管理需要推动农产品加工和产业链延伸，发展农产品加工业，提高农产品的市场竞争力和附加值。通过品牌建设、质量认证、市场推广等方式，提高农产品的市场认可度和售价，增加农民的经济收益。

2. 拓宽收入来源

拓宽农民收入来源是实现农民增收的重要措施，农业经济管理需要支持和引导农民发展多种经营，增加收入来源。通过发展特色农业、休闲农业、乡村旅游等新兴产业，拓宽农民的就业和收入渠道，增加农民的经济收入。

3. 保障收入稳定

保障农民收入稳定是实现农民增收的重要内容，农业经济管理需要通过政策支持和市场调控，保障农民的收入稳定。通过实施农业保险、农产品价格保护、最低收购价等政策措施，减少市场波动对农民收入的影响，保障农民的经济利益。

(五) 为发展农业经济提供科学指导

1. 农业科研

农业科研是推动农业经济发展的重要动力，农业经济管理需要加强农业科研投入，支持农业科研机构开展技术创新和成果转化。通过推广先进的农业生产技术和管理模式，提高农业生产效率和质量，推动农业现代化发展。

2. 技术推广

技术推广是实现农业科技成果转化的重要环节，农业经济管理需要建立健全农业技术推广体系，推动农业技术的普及应用。通过农业技术培训、示范推广、技术服务等方式，提高农民的技术水平和应用能力，推动农业技术的广泛应用。

3. 市场分析

市场分析是制定农业生产和经营决策的重要依据，农业经济管理需要加强市场分析和预测，提供科学的市场指导。通过市场调查、数据分析、趋势预测等方式，掌握市场供需动态，指导农民和企业进行科学种植和销售，降低市场风险，提高经济效益。

(六) 促进小农模式和农业现代化建设相结合

当前，农村经济发展的重心日益凸显在集体经济的壮大上。在我国部分农村地区，集体经济的发展模式主要以不同形式的合作制和家庭联产承包责任制为主导。特别值得一提的是，股份合作制已成为推动农村经济发展的重要模式之一。在股份合作制下，农民的身份发生了转变，成为合作社的股东。他们通过投入资金，将资金转化为股份，而合作社则对这些股份进行量化，明确每个农民的股东身份和权益。这种模式有效地将分散的农民资源整合起来，包括资金、土地和人力资源，从而推动了农产品生产的标准化、农业的机械化和经营的集中化。现代化的农业理念和设备是股份合作制得以成功实施的基础。通过引入先进的农业技术和设备，合作社能够提升农业生产效率，改善农民的生产生活条件，进一步推动农业现代化建设。

第二节　乡村振兴战略背景下农业经济管理的问题

一、农业经济管理体系不健全

农业经济管理体系是确保农村经济有序、高效运行的重要保障。在当前乡村振兴战略的推进中，农业经济管理体系的不健全成为制约农村经济发展的重要因素。这主要体现在管理体系的碎片化、管理职能的交叉重叠以及管理效率的低下等方面。

(一) 管理体系碎片化

当前农业经济管理往往涉及多个部门和机构，导致管理体系呈现出碎片化的特点。各部门之间缺乏有效的协调和沟通机制，使得政策执行过程中出现脱节和重复劳动的现象。管理体系的碎片化不仅降低了管理效率，还可能导致政策执行的不一致性和资源的浪费。

(二) 管理职能交叉重叠

在农业经济管理过程中，不同部门之间的职能往往存在交叉重叠的现象。这使得在实际工作中容易出现责任不清、推诿扯皮的情况。管理职能的交叉重叠不仅影响了管理效率，还可能造成政策执行的混乱和资源的无效配置。

（三）管理效率低下

由于管理体系的不健全和管理职能的交叉重叠，农业经济管理往往表现出效率低下的特点。这主要体现在政策执行的迟缓、资源配置的不合理以及问题解决的滞后等方面。管理效率低下不仅制约了农村经济的发展，还可能影响农民对乡村振兴战略的信心和参与度。

农业经济管理体系的不健全是当前乡村振兴战略实施过程中面临的一个重要问题，为了有效解决这一问题，需要建立更加统一、高效的农业经济管理体系，明确各部门之间的职责和协调机制，提高管理效率，以确保乡村振兴战略的顺利实施和农村经济的持续发展。

二、生产技术及设施有待优化

在乡村振兴战略的背景下，农业经济管理面临着许多挑战。其中，生产技术及设施的优化是关键问题之一。尽管近年来农业生产技术和设施有所进步，但整体水平仍需提升，才能更好地满足现代农业发展的需求。优化生产技术和设施，不仅可以提高农业生产效率和农产品质量，还能有效推动农业现代化进程，促进乡村经济的可持续发展。

（一）现有生产技术的不足

尽管农业科技进步迅速，但在许多农村地区，生产技术的应用水平仍然较低。

（1）传统种植养殖技术的局限

许多农民仍采用传统的种植养殖技术，缺乏对现代农业科技的了解和应用。传统技术往往效率低下，难以应对病虫害和自然灾害，导致生产成本高、产量低、品质差。

（2）先进技术推广力度不足

尽管农业科研机构和政府部门不断研发和推广先进农业技术，但由于推广渠道有限、培训不足等原因，许多先进技术难以在农村广泛应用。农民对新技术的接受度和应用能力也需要提升。

(二)农业基础设施的薄弱

农业基础设施是保障农业生产的重要支撑,但目前许多农村地区的基础设施建设仍然滞后。

(1)水利设施落后

农田水利设施是农业生产的基础,但许多农村地区的水利设施老化、损坏严重,灌溉系统不完善,影响了农田灌溉和防洪抗旱能力。水资源的浪费和利用率低下,进一步制约了农业生产效率。

(2)农机装备不足

农业机械化水平低是制约农业现代化的瓶颈之一。许多农村地区的农机装备陈旧,机械化作业覆盖面和水平不高,导致农业生产效率低、劳动强度大。缺乏先进的农机装备和技术服务,农民难以实现高效生产。

(三)农业科技服务体系不健全

完善的农业科技服务体系是推动农业技术应用和提升生产水平的重要保障,但目前农村地区的农业科技服务体系还不够健全。

(1)科技服务网络不完善

农村地区的农业科技服务网络不健全,科技服务机构覆盖面有限,难以为广大农民提供及时、有效的技术服务。科技服务人员数量不足,专业素质有待提高,科技服务的质量和效果难以保障。

(2)农民培训不足

农民培训是提升农民科技素质和应用能力的重要途径,但目前农村地区的农民培训工作还存在诸多不足。培训内容不够系统,培训方式单一,培训效果有限,许多农民对新技术的了解和掌握不够深入。

在乡村振兴战略背景下,农业经济管理面临的生产技术及设施优化问题亟待解决。现有生产技术的不足、农业基础设施的薄弱以及农业科技服务体系的不健全,都制约了农业生产效率和农产品质量的提升。要实现乡村振兴目标,需要加大对先进农业技术的推广力度,提升农民的科技素质和应用能力;加强农业基础设施建设,特别是农田水利和农机装备的改造和升级;健全农业科技服务体系,完善科技服务网络,强化农民培训工作。通过综合施策和多方协同,可以有效提升农业生产技术和设施水平,为农业现代化和乡村经济可持续发展提供有力支撑。

三、农业经济管理人员缺乏专业化水平

农业经济管理人员作为乡村振兴战略实施的重要推动力量，其专业化水平直接影响到农业经济管理策略的制定与执行效果。当前我国农业经济管理人员队伍在专业化水平方面存在明显不足，这严重制约了乡村振兴战略的深入实施和农村经济的高质量发展。深入分析农业经济管理人员缺乏专业化水平的问题，并探索有效的解决路径，对于推动乡村振兴战略背景下农业经济管理的优化与创新具有重要意义。

（一）农业经济管理人员专业化水平现状

当前我国农业经济管理人员队伍在数量上虽有一定规模，但在质量上却参差不齐。许多管理人员缺乏系统的农业经济管理知识和技能，对于现代农业经济的管理理念、方法和工具了解有限。导致他们在制定和执行农业经济管理策略时往往力不从心，难以有效应对乡村振兴战略背景下的复杂挑战。

农业经济管理人员专业化水平的不足，直接影响了农业经济管理策略的科学性和有效性。缺乏专业化的管理人员往往难以准确把握市场动态和农业发展趋势，难以制定出符合实际、具有前瞻性的农业经济管理策略。不仅会制约农村经济的发展，还可能影响农民对乡村振兴战略的信心和参与度。

（二）农业经济管理人员专业化水平不足的原因

目前针对农业经济管理人员的专业化教育培训体系尚不完善，许多管理人员在接受培训时，往往只能获得一些基本的理论知识和简单的操作技能，缺乏深入系统的学习和实践机会。

（1）激励机制不健全：在现有的激励机制下，农业经济管理人员往往缺乏持续学习和提升自身专业化水平的动力。许多管理人员在工作中更注重短期业绩和眼前利益，而忽视了长期发展和个人能力的提升。

（2）人才流失严重：由于农村经济相对落后，许多具有专业素养和才华的农业经济管理人员往往选择流向城市或更发达的地区。这导致农村经济管理人才队伍的整体素质难以得到有效提升。

（三）提升农业经济管理人员专业化水平的路径

（1）完善教育培训体系：建立健全针对农业经济管理人员的专业化教育培

训体系，注重理论与实践相结合，提升管理人员的专业素养和实践能力。同时鼓励管理人员参加国内外知名的农业经济管理培训和交流活动，拓宽视野，提升水平。

（2）优化激励机制：改革现有的激励机制，将农业经济管理人员的薪酬、晋升与他们的专业化水平和工作业绩紧密挂钩。通过设立专项奖励基金、提供职业发展机会等方式，激发管理人员持续学习和提升自身能力的积极性。

（3）加强人才引进与留用：制定更加优惠的人才政策，吸引更多具有专业素养和才华的农业经济管理人员投身乡村振兴事业。同时注重人才的留用和发展，为他们提供良好的工作环境和发展空间，降低人才流失率。

农业经济管理人员缺乏专业化水平是当前乡村振兴战略实施过程中面临的一个重要问题，为了有效解决这一问题，我们需要从完善教育培训体系、优化激励机制和加强人才引进与留用等多个方面入手，全面提升农业经济管理人员的专业化水平。只有这样，才能确保乡村振兴战略的顺利实施和农村经济的持续发展。同时政府和社会各界也应给予更多的关注和支持，共同推动农业经济管理人员队伍的建设和发展，为乡村振兴战略的深入实施提供有力的人才保障。

四、农业资金投入有待提升

在乡村振兴战略背景下，农业经济管理的有效实施需要充足的资金支持。目前农业资金投入仍存在诸多不足，成为制约农业现代化和农村经济发展的瓶颈。提升农业资金投入，不仅能保障农业基础设施建设、科技推广和产业发展的顺利进行，还能增强农民的生产积极性和市场竞争力，从而推动乡村经济的全面振兴。

（一）政府财政投入不足

政府财政投入是支持农业发展的重要来源，但目前的投入水平仍需提升。

1. 财政支农资金不足

尽管各级政府在财政预算中安排了一定的支农资金，但总体投入不足，难以满足农业生产和基础设施建设的需求。尤其是在贫困地区和边远山区，财政支农力度亟待加强。

2. 资金使用效率低

部分地区存在财政支农资金使用效率低下的问题，资金分配和使用过程中存在中间环节过多、审批流程繁琐、资金拨付不及时等现象，导致资金不能充分发挥效用，影响农业项目的顺利实施。

（二）农村金融服务不健全

农村金融服务是农业资金投入的重要途径，但目前农村金融服务体系还不够健全。

1. 金融机构覆盖不足

许多农村地区金融机构网点稀少，农民难以获得便捷的金融服务。农村金融服务覆盖面有限，农民贷款难、融资难的问题依然突出，严重制约了农业生产和农村经济的发展。

2. 金融产品和服务单一

农村金融产品和服务种类单一，缺乏针对农业生产和农民需求的特色金融产品。农民难以获得适合的贷款、保险等金融服务，资金来源渠道狭窄，影响了农业生产的资金保障。

（三）社会资本投入不足

社会资本投入是推动农业发展的重要力量，但目前吸引社会资本进入农业领域仍面临诸多挑战。

1. 投资回报周期长

农业生产具有周期长、风险高的特点，社会资本对农业领域的投资兴趣不高。投资回报周期长、利润空间小，导致许多社会资本对农业投资持观望态度，投入力度不足。

2. 政策支持力度不够

吸引社会资本投入农业需要政策的引导和支持，但目前相关政策支持力度还不够。一些地方在政策设计和实施上缺乏系统性和连续性，导致社会资本投资农业的信心不足，影响了资金投入的积极性。

五、农业经济管理理念落后

农业经济管理理念是指导农业经济管理实践的思想基础，其先进性与适应性直接关系到农业经济管理策略的制定与执行效果。在乡村振兴战略背景下，传统的农业经济管理理念已难以适应现代农业发展的需求，其落后性逐渐显现，成为制约农村经济发展的重要因素。

（一）传统农业经济管理理念的局限性

传统的农业经济管理理念往往注重生产环节的管理，而忽视市场导向和消费者需求的变化。这种以生产为中心的管理理念导致农产品结构单一，市场竞争力不足，难以满足多元化、个性化的市场需求。同时传统的农业经济管理理念还忽视了农业生态环境的保护和可持续发展，导致农业生产方式粗放，资源利用效率低下。

传统农业经济管理理念的局限性不仅制约了农业生产的效益和农民收入的提高，还加剧了农业生态环境的恶化，影响了农村经济的可持续发展。在乡村振兴战略背景下，这种落后的管理理念已难以适应现代农业发展的需求，亟需进行革新。

（二）先进农业经济管理理念的探索与实践

（1）市场需求导向理念：在乡村振兴战略背景下，农业经济管理应树立市场需求导向理念，注重研究市场动态和消费者需求变化，调整农产品结构和生产方式，以满足多元化、个性化的市场需求。同时还应加强农产品品牌建设，提升农产品附加值和市场竞争力。

（2）生态可持续发展理念：农业经济管理应摒弃传统的粗放式生产方式，树立生态可持续发展理念。这要求我们在农业生产过程中注重保护农业生态环境，合理利用农业资源，推广绿色、有机、循环的农业生产方式，以实现农业经济的长期稳定发展。

（3）创新驱动发展理念：在乡村振兴战略背景下，农业经济管理还应树立创新驱动发展理念。这要求我们注重农业科技的创新与应用，提升农业生产的科技含量和智能化水平；同时还应加强农业经营模式的创新，推动农业与二、三产业的融合发展，拓展农业经济的增值空间。

（三）推动农业经济管理理念革新的路径

（1）加强政策引导与扶持：政府应制定相关政策和措施，引导农业经济管理理念的革新。例如通过财政补贴、税收优惠等政策措施，鼓励农民和农业企业采用先进的农业经济管理理念和生产方式。

（2）强化教育培训与宣传：加强对农民和农业企业的教育培训，提升他们的现代农业经济管理知识和技能。同时通过宣传和推广先进的农业经济管理理念和实践案例，增强农民和农业企业的创新意识和实践能力。

（3）建立示范引领机制：建立农业经济管理理念的示范引领机制，通过树立典型、表彰先进等方式，激发农民和农业企业学习、借鉴和推广先进理念的积极性。同时加强农业经济管理经验的交流与合作，推动先进理念的广泛传播和应用。

农业经济管理理念的落后是当前乡村振兴战略实施过程中面临的一个重要问题，为了有效解决这一问题，需要从市场需求导向、生态可持续发展和创新驱动发展等先进理念入手，推动农业经济管理理念的革新与实践。同时政府、社会各界以及农民和农业企业也应共同努力，加强政策引导与扶持、强化教育培训与宣传、建立示范引领机制等，以推动先进农业经济管理理念的广泛传播和应用。只有这样，才能确保乡村振兴战略的顺利实施和农村经济的持续、健康发展。

第三节 乡村振兴战略背景下农业经济管理的优化

一、创新农业经济管理理念

（一）树立产业结构优化理念

产业结构优化是提高农业综合效益和市场竞争力的关键。树立产业结构优化理念，需要从以下几个方面入手。

1. 调整种植结构

根据市场需求和区域优势，科学调整种植结构，提升农产品的市场竞争力和附加值。

（1）发展特色农业

因地制宜，发展区域特色农业，打造地方品牌。根据不同地区的自然资源和气候条件，选择适宜的特色农产品，如优质水果、蔬菜、中草药等，提升产品附加值和市场影响力。

（2）推广高效农业

推广高效农业种植模式，提高单位面积产出。通过引进高产优质品种，采用先进的种植技术和管理模式，提升农业生产效益。推广立体农业、设施农业等高效农业模式，实现土地资源的高效利用。

2. 优化养殖结构

根据市场需求和环境承载能力,合理调整养殖结构,提升畜牧业的效益和环保水平。

(1) 发展规模化养殖

推动畜牧业规模化、集约化发展,提高生产效率和产品质量。支持建设现代化养殖场,引进先进的养殖技术和管理模式,提升养殖业的标准化和规范化水平。

(2) 推广生态养殖

推广生态养殖模式,实现畜牧业的可持续发展。通过种养结合、循环利用的方式,减少养殖废弃物对环境的污染,提升养殖业的生态效益和经济效益。

3. 推动产业融合

推动一二三产业融合发展,延长农业产业链,提升农业综合效益。

(1) 发展农产品加工业

支持发展农产品加工业,延长农业产业链,提高农产品附加值。通过建设农产品加工企业,推广农产品精深加工技术,提升农产品的市场竞争力和经济效益。

(2) 推动乡村旅游

利用乡村自然和人文资源,发展乡村旅游,促进农村经济多元化。通过发展休闲农业、农家乐、民宿等旅游业态,增加农民收入,带动农村就业,提升乡村经济活力。

(二) 树立科技创新理念

1. 推动农业科技研发

(1) 加强农业科研

支持农业科研机构开展技术创新和成果转化。通过设立农业科技专项基金,鼓励科研人员进行农业技术研发,提升农业科技创新能力和水平。

(2) 促进科技合作

推动农业科研机构、高校和企业之间的合作,促进科技成果转化。通过建立农业科技园区和示范基地,推广先进的农业技术和管理模式,提高农业科技成果的转化率和应用效果。

2. 推广农业智能化

（1）发展智能农业

利用物联网、大数据、人工智能等技术，发展智能农业。通过智能灌溉、精准施肥、病虫害监测等技术，提高农业生产效率和资源利用效率，降低生产成本和环境负担。

（2）建设智慧农业平台

建设智慧农业信息平台，实现农业生产的数字化和信息化。通过建立农产品溯源系统、农业信息服务平台等，提供精准的市场信息和技术指导，提升农业生产管理水平。

3. 提升农民科技素质

（1）开展科技培训

通过开展科技培训班、技术讲座等形式，提升农民的科技素质和应用能力。推广农业新技术、新品种、新模式，提高农民的科技意识和创新能力。

（2）建立技术服务队伍

建立专业的农业技术服务队伍，提供技术咨询和指导。通过科技特派员、农业技术推广员等形式，将先进的农业技术和管理经验传授给农民，提升农业生产水平和效益。

在乡村振兴战略背景下，创新农业经济管理理念是推动农业现代化和乡村经济高质量发展的重要途径。通过树立产业结构优化理念，调整种植养殖结构，推动产业融合发展，可以提升农业综合效益和市场竞争力。通过树立科技创新理念，推动农业科技研发，推广农业智能化技术，提升农民科技素质，可以提高农业生产效率和管理水平，实现农业的可持续发展。创新农业经济管理理念，需要政府、科研机构、企业和农民的共同努力，不断提升农业生产技术和管理水平，为乡村振兴战略的全面实施提供有力支持。

二、完善农业经济管理体系

（一）构建科学完善的管理体系

1. 建立健全的管理机构

设立专业的农业经济管理机构，明确职责分工，加强对农业生产和经营的管理。通过完善组织结构，提升管理效率和服务水平，为农业发展提供有力保障。

2. 制定科学的管理制度

制定科学合理的农业管理制度，规范农业生产和经营行为。通过完善农业生产标准、农产品质量安全标准和农业环境保护标准，保障农业生产的规范化和标准化。

3. 推进信息化管理

推动农业信息化建设，提升管理效率和决策水平。通过建立农业信息管理系统，实时监测和管理农业生产、市场供求、价格动态等信息，为农业决策提供数据支持。

（二）加强对每一道工序的管控

1. 严格生产过程管理

加强对农业生产过程的管理，确保生产环节的规范和标准化。通过推广先进的种植养殖技术，严格执行生产标准，提升农业生产的质量和效率。

2. 实施全过程质量控制

实施农产品生产全过程的质量控制，保障农产品的安全和品质。通过建立健全的质量检测和追溯体系，对农产品生产的各个环节进行监控和管理，确保产品质量。

3. 强化农资使用管理

加强对农药、化肥、饲料等农业投入品的管理，确保安全合理使用。通过制定和执行农资使用标准，推广绿色农业技术，减少农药化肥的使用量，保护农业生态环境。

（三）推动社会主义新农村建设工作的有序开展

1. 加强基础设施建设

加大对农村基础设施建设的投入，改善农村生产生活条件。通过建设农村公路、水利设施、电网改造、通信网络等基础设施，提升农村的综合发展水平。

2. 提升公共服务水平

提升农村教育、医疗、文化等公共服务水平，改善农民生活质量。通过加大对农村公共服务的投入，提高服务质量和覆盖面，促进城乡基本公共服务均

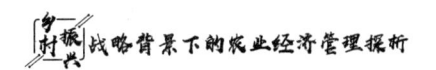

等化。

3. 推动生态文明建设

加强农村生态环境保护，推动绿色发展。通过实施农村环境综合整治，推广生态农业模式，提升农村生态环境质量，实现生态文明与经济发展的协调统一。

（四）完善科技输血体制

1. 加强农业科技创新

加大对农业科技创新的投入，提升科技研发能力。通过设立农业科技专项基金，支持农业科研机构和高校开展技术创新和成果转化，推动农业科技进步。

2. 推进科技成果转化

加快农业科技成果的转化和推广应用，提升农业生产效益。通过建立科技示范基地，推广先进农业技术和管理模式，提高农民科技应用水平。

3. 强化科技服务体系

完善农业科技服务体系，提升服务质量和效果。通过建立农业科技服务中心，提供技术培训、咨询服务和技术支持，帮助农民解决生产中的技术难题，提升农业生产水平。

（五）构建持续优化的管理模式

1. 实施精细化管理

推动农业生产管理的精细化，提高管理效率和生产效益。通过制定详细的生产计划，严格控制生产过程中的每一个环节，实现精细化管理。

2. 推动合作化经营

推动农业合作化经营，提升农业组织化程度和市场竞争力。通过发展农民合作社、农业企业等新型经营主体，促进农民联合和合作，提高生产效率和收益。

3. 加强市场化运作

推动农业生产和经营的市场化运作，提高市场适应能力。通过建立市场导向的生产经营模式，加强农产品市场营销和品牌建设，提升农产品的市场竞争力。

（六）完善农村社会保障体系

1. 推进农村养老保险

加快推进农村养老保险制度建设，保障农村老年人的基本生活。通过扩大养老保险覆盖面，提高养老保险待遇水平，提升农村居民的养老保障水平。

2. 完善农村医疗保障

完善农村医疗保障体系，提高农村医疗服务水平。通过推进农村合作医疗、建立农村医疗保险制度，保障农村居民的基本医疗需求，提升农村居民的健康水平。

3. 建立农村救助制度

建立健全农村救助制度，保障农村困难群体的基本生活。通过实施农村低保、特困人员救助、临时救助等政策，帮助农村困难群体渡过难关，提升农村社会保障水平。

在乡村振兴战略背景下，完善农业经济管理体系是实现农业现代化和乡村振兴的关键。通过构建科学完善的管理体系、加强对每一道工序的管控、推动社会主义新农村建设、完善科技输血体制、构建持续优化的管理模式以及完善农村社会保障体系，可以有效提升农业生产效率和管理水平，保障农民利益和农村社会稳定，实现农业经济的高质量发展和乡村的全面振兴。需要政府、社会和农民的共同努力，不断创新和完善农业经济管理模式和方法，为乡村振兴战略的全面实施提供坚实的保障和支持。

三、完善农业基础设施

（一）维护已有的基础设施

在乡村建设中，深入分析现有基础设施的分布情况，并全面了解其运营状态是至关重要的。为了提升基础设施项目的运营效率，满足农业生产日益增长的需求，应当对运营时间较长且效率较低的基础设施进行更新换代。作为管理者，除了进行必要的更新换代外，还需对施工过程中出现的各类问题进行细致的梳理和总结。对于这些问题，应当迅速采取有效的措施加以解决，确保基础设施建设的顺利进行。同时建立健全维护保养管理制度也是必不可少的。通过制定明确的维护保养计划和标准，确保基础设施能够得到及时的维护和保养，从而延长其使用寿命，提高运营效率。

（二）加大基建投资力度

（1）政府主导，多元投入：政府应发挥主导作用，加大对农业基础设施建设的财政投入，确保基础设施建设有足够的资金保障。同时鼓励社会资本、民间资本投入农业基础设施建设，形成多元化的投资格局。

（2）重点突破，全面提升：在投资方向上，要突出重点，优先投资于那些对农业生产、农村生活影响重大的基础设施项目，如农田水利、农村道路、农村电网等。也要注重全面提升农业基础设施的整体水平，确保各项基础设施能够相互配套、协调发展。

（3）创新机制，提高效率：在投资过程中，要创新投入机制，提高资金使用效率。例如可以采用政府与社会资本合作（PPP）模式，引入市场竞争机制，降低建设成本，提高建设质量。加强对资金使用的监管，确保资金能够真正用于农业基础设施建设，避免浪费和挪用。

（4）长期规划，持续发展：在加大基建投资力度的同时也要注重长期规划，确保农业基础设施建设的可持续发展。根据农村经济发展的实际需要和未来发展趋势，制定科学合理的长期发展规划，确保农业基础设施建设能够持续、稳定地为农村经济发展提供支持。

四、关注信息技术的应用

1. 推广农业物联网

通过农业物联网技术，实现农业生产的全程监控和智能管理。农业物联网可以实时监测土壤湿度、气温、光照等环境参数，自动调控灌溉、施肥等农业生产环节，提高资源利用效率和生产效益。

2. 建设智慧农业平台

建立智慧农业信息平台，整合农业生产、市场供求、技术服务等信息资源。通过智慧农业平台，农民可以实时获取市场信息、技术指导和政策支持，科学决策，提高生产效益。

3. 发展农村电商

通过发展农村电子商务，拓宽农产品销售渠道。建立农村电商平台，帮助农民直接面向市场销售农产品，减少中间环节，提高农产品的市场竞争力和附加值。

五、强化人才培养与团队建设

1. 培养新型职业农民

通过职业教育和技能培训，培养新型职业农民。新型职业农民不仅具备现代农业生产技术，还具有市场营销、经营管理等综合素质，能够引领农业现代化发展。

2. 引进专业技术人才

引进农业科技和管理领域的专业技术人才，提升农业科技创新能力和管理水平。通过政策引导和激励措施，吸引优秀人才投身农业和乡村建设，推动农业科技进步和产业发展。

3. 建设专业技术团队

建立农业技术推广和服务团队，提供专业的技术支持和服务。通过设立农业技术服务中心，组织科技特派员和农业技术推广员，帮助农民解决生产中的技术难题，提升农业生产水平。

六、积极引进科学技术及设施

1. 推广先进种植技术

引进和推广先进的种植技术和管理模式，提高农业生产效益。通过引进优良品种、推广高效种植模式和设施农业技术，提升农业生产的科技含量和市场竞争力。

2. 发展现代农业机械

引进现代农业机械，提高农业生产的机械化水平。通过推广智能农机装备，提升农业生产的机械化、自动化程度，减少劳动强度，提高生产效率。

3. 建设农业基础设施

加大对农业基础设施的投入，改善农业生产条件。通过建设高标准农田、现代化温室大棚、智能灌溉系统等基础设施，提升农业生产的标准化和规模化水平。

七、积极调整农业产业结构

1. 推动农业结构调整

根据市场需求和区域优势，科学调整农业产业结构。通过发展高效农业、特色农业和绿色农业，提升农业产业的整体效益和竞争力。

2. 推动产业融合发展

推动一二三产业融合发展，延长农业产业链，提升农业综合效益。通过发展农产品加工业、休闲农业和乡村旅游，促进农业与二、三产业的深度融合，增加农民收入。

3. 发展高效生态农业

推广高效生态农业模式，实现农业生产的可持续发展。通过推广循环农业、生态种养结合等模式，减少农业生产对环境的负面影响，提升农业生态效益和经济效益。

八、聚焦特色产业

1. 发掘区域特色资源

根据不同地区的自然资源和文化特色，发掘和培育具有地方特色的农业产业。通过发展特色种植、特色养殖和特色加工业，打造区域品牌，提高产品附加值和市场竞争力。

2. 推动品牌建设

通过品牌建设，提升特色农产品的市场影响力和竞争力。支持农民合作社和农业企业注册商标，建立品牌，提高产品知名度和市场占有率。

3. 发展特色文化产业

利用乡村丰富的文化资源，发展特色文化产业。通过保护和传承地方传统文化，发展文化创意产业和乡村旅游，带动农村经济发展，提升乡村文化软实力[①]。

---

① 安冯竞."互联网＋"经济背景下农产品电商发展趋势分析［J］. 商展经济，2021，（7）：38.

九、关注区域经济竞争力塑造

1. 加强区域合作

推动区域间的合作与交流，实现资源共享和优势互补。通过建立区域合作机制，推动农业技术、市场信息和资源的共享，提高区域整体竞争力。

2. 打造区域产业集群

发展区域特色产业集群，提升产业竞争力和市场影响力。通过政府引导和市场推动，集聚资源，形成特色鲜明、竞争力强的农业产业集群，实现区域经济的高质量发展。

3. 提升区域品牌形象

通过品牌建设和市场推广，提升区域品牌形象和市场竞争力。支持区域特色产业注册地理标志，打造区域公共品牌，提升产品的市场认知度和美誉度[①]。

[①] 马伟亮，杨文毓. 乡村振兴战略下乡风文明建设的意义及路径［J］. 中国经贸导刊，2021，（4）：88.

第四章　农业经济管理与推动乡村治理现代化

第一节　乡村治理现代化的目标及原则

一、乡村治理现代化的目标分析

（一）乡村治理主体多元化

1. 增强治理合力

乡村治理主体的多元化，意味着更多的力量和资源被纳入乡村治理体系之中。政府、市场、社会、村民等各方主体基于各自的优势和特长，在乡村治理中发挥不同作用，形成治理合力。政府通过制定政策、提供公共服务等方式发挥主导作用；市场通过资源配置、竞争机制等推动乡村经济发展；社会组织通过专业服务、社会动员等方式弥补政府和市场的不足；村民则作为乡村治理的基本单元，通过参与自治、共治等方式维护自身权益。这种多方协同的治理模式，有助于提升乡村治理的整体效能。

2. 促进民主参与

乡村治理主体的多元化，有利于推动民主参与和民主监督。在传统单一治理主体的模式下，村民往往处于被动接受管理的地位，缺乏参与治理的机会和渠道。而乡村治理主体的多元化，则为村民提供了更多的参与治理的机会和平台。村民可以通过参与村民自治组织、农村集体经济组织等方式，直接参与乡村治理决策和监督过程，表达自己的诉求和意愿，维护自身权益。这种民主参与和民主监督的机制，有助于增强乡村治理的透明度和公信力，提升村民对乡村治理的满意度和认同感。

3. 激发治理活力

乡村治理主体的多元化，有助于激发乡村治理的活力。不同治理主体在乡村治理中具有不同的利益诉求和价值取向，这种差异性和多样性为乡村治理注入了新的动力和活力。各方主体在追求自身利益的同时也会关注乡村整体利益和发展大局，从而推动乡村治理不断创新和完善。乡村治理主体的多元化还有助于引入市场竞争机制和社会监督机制，推动乡村治理向更加高效、公正、透明的方向发展。

4. 推动乡村可持续发展

乡村治理主体的多元化，对于推动乡村可持续发展具有重要意义。在多方主体共同参与、协同治理的模式下，乡村治理能够更加全面地考虑经济、社会、环境等多方面的因素，实现经济、社会、环境的协调发展。政府可以通过制定科学合理的乡村发展规划和政策措施，引导乡村经济社会的持续健康发展；市场可以通过资源配置和竞争机制推动乡村产业升级和转型升级；社会组织可以通过专业服务和社会动员推动乡村社会事业的进步和发展；村民则可以通过参与自治和共治维护乡村生态环境和社会秩序。这种多方协同的治理模式，有助于实现乡村的全面振兴和可持续发展。

（二）乡村治理过程民主化

1. 强化村民自治，提升民主参与度

乡村治理过程的民主化体现在村民自治的强化上，村民自治作为农村基层民主制度的重要组成部分，是实现乡村治理民主化的基础。通过建立健全村民自治组织，如村民委员会、村民代表会议等，确保村民在乡村治理中的知情权、参与权、表达权和监督权得到充分保障。同时鼓励村民积极参与乡村公共事务的讨论和决策，让村民的声音在乡村治理中得到充分反映，从而提升村民的民主参与度和满意度。

2. 推动决策公开透明，确保民主决策

乡村治理过程的民主化还体现在决策过程的公开透明上，政府及乡村治理主体在制定和执行相关政策时，应坚持公开透明的原则，确保决策过程的民主性。这包括在政策制定前广泛征求村民意见，在政策执行中及时公布相关信息，接受村民监督。通过决策公开透明，可以有效避免决策过程中的暗箱操作和不公现象，增强村民对决策结果的认同感和信任感，从而推动乡村治理的民主化进程。

3. 加强监督机制建设，保障民主监督权

民主监督是乡村治理过程民主化的重要保障，为了确保村民的民主监督权得到充分行使，需要建立健全乡村监督机制。这包括设立独立的监督机构，对乡村治理主体的行为进行监督和评估；畅通村民监督渠道，鼓励村民通过举报、投诉等方式对乡村治理中的问题进行反映；加大对违法违规行为的查处力度，确保监督结果得到有效落实。通过加强监督机制建设，可以形成对乡村治理主体的有效制约，防止权力滥用和腐败现象的发生，保障乡村治理的公正性和民主性。

4. 培养民主意识，提升村民自治能力

乡村治理过程的民主化还需要村民自身具备较高的民主意识和自治能力，需要加强对村民的民主教育和培训，提升村民的民主素养和自治能力。这包括通过宣传教育、组织培训等方式，让村民了解民主制度的基本知识和运作方式；引导村民积极参与乡村公共事务的管理和监督，提升村民的自治意识和能力；鼓励村民通过合法途径表达自己的诉求和意愿，维护自身权益和乡村公共利益。通过培养村民的民主意识和自治能力，可以为乡村治理过程的民主化提供坚实的群众基础和社会支持。

5. 促进多元主体协同治理，增强民主合力

乡村治理过程的民主化还需要促进多元主体的协同治理。在乡村治理中，政府、市场、社会组织和村民等多元主体各自发挥着不同的作用。为了实现乡村治理的民主化目标，需要促进这些多元主体之间的协同合作和良性互动。政府应发挥主导作用，制定科学合理的政策规划和实施方案；市场应发挥资源配置和竞争机制的作用，推动乡村经济发展；社会组织应发挥专业服务和社会动员的优势，弥补政府和市场的不足；村民则应作为乡村治理的基本单元和主体力量，积极参与乡村治理的各个环节。通过促进多元主体的协同治理和良性互动，可以形成推动乡村治理民主化的强大合力。

综上所述，乡村治理过程的民主化是实现乡村治理现代化的重要目标之一。通过强化村民自治、推动决策公开透明、加强监督机制建设、培养村民民主意识和自治能力以及促进多元主体协同治理等措施的实施，可以逐步推动乡村治理过程的民主化进程，为乡村振兴战略的实施提供坚实的制度保障和社会支持。

（三）乡村治理机制协同化

1. 跨部门协同

为了实现乡村治理的有效推进，必须打破政府部门间的界限，推动跨部门协同合作。这要求不同政府部门在乡村治理中明确各自职责，同时加强沟通与协作，确保政策制定与执行的一致性。例如农业部门、环保部门、教育部门等应在乡村振兴战略的指导下，共同制定并执行相关政策，以实现乡村经济、社会、环境的协调发展。

2. 政府与市场协同

在乡村治理中，政府与市场应形成良性互动。政府应发挥引导作用，为市场创造有利环境，同时市场也应积极响应政府政策，为乡村发展提供动力。例如政府可以通过提供财政补贴、税收优惠等政策措施，吸引企业投资乡村产业，推动乡村经济发展。而市场则可以通过资源配置和竞争机制，促进乡村产业的升级和转型。

3. 政府与社会协同

乡村治理中，政府与社会组织的协同同样至关重要。政府应鼓励并支持社会组织参与乡村治理，为其提供必要的政策和资金支持。社会组织则可以利用其专业性和灵活性，为乡村提供多样化的服务，如教育、医疗、文化等，满足村民的多元化需求。

4. 村民参与与自治

乡村治理机制的协同化还离不开村民的积极参与和自治，政府应建立健全村民自治组织，如村民委员会、村民代表会议等，确保村民在乡村治理中的主体地位。同时政府还应通过宣传教育、组织培训等方式，提升村民的自治意识和能力，鼓励其积极参与乡村公共事务的管理和监督。

5. 信息化与科技支撑

在推动乡村治理机制协同化的过程中，信息化和科技支撑的作用不容忽视。政府应加大投入，建设乡村信息化平台，实现政府、市场、社会以及村民之间的信息共享和沟通便捷。同时政府还应积极引进和应用现代农业科技，提升乡村产业的科技含量和竞争力。

(四) 乡村治理模式智能化

1. 智能化技术在乡村治理中的应用

随着信息技术的飞速发展，大数据、云计算、物联网等智能化技术在乡村治理中的应用日益广泛。这些技术的引入，使得乡村治理变得更加精准、高效。例如通过大数据分析，政府可以更加准确地了解乡村的经济社会发展状况，为政策制定提供更加科学的依据；通过云计算平台，乡村公共服务可以实现资源共享和高效利用；通过物联网技术，乡村的农业生产、环境监测等可以实现智能化管理。

2. 智能化乡村治理平台的构建

为了实现乡村治理模式的智能化，构建一套完善的智能化乡村治理平台。这个平台应包含数据采集、分析决策、信息发布、服务提供等多个功能模块，实现政府、市场、社会以及村民之间的信息互通和资源共享。通过这个平台，政府可以更加便捷地了解村民的需求和诉求，为村民提供更加精准的服务；村民也可以通过这个平台参与乡村治理，表达自己的意见和建议。

3. 培养智能化乡村治理人才

乡村治理模式的智能化离不开专业人才的支持，因此政府应加大对智能化乡村治理人才的培养和引进力度。这包括通过高等教育、职业培训等多种途径，培养具备信息化、智能化知识和技能的人才；同时政府还应通过政策引导，吸引更多的人才投身乡村治理事业，为乡村社会的智能化发展提供智力支持。

4. 强化智能化乡村治理的法治保障

在推动乡村治理模式智能化的过程中，必须强化法治保障。政府应制定和完善相关法律法规，明确智能化乡村治理的法律依据和规范要求；同时政府还应加强对智能化乡村治理的监管和评估，确保其合法合规、科学有效。

5. 智能化乡村治理的挑战与展望

虽然乡村治理模式的智能化具有诸多优势，但其在实施过程中也面临着诸多挑战。例如乡村地区的信息化基础设施相对薄弱，智能化技术的应用受到一定限制；同时村民的信息化素养和技能水平也有待提升。随着技术的不断进步和政策支持的持续加强，我们有理由相信，乡村治理模式的智能化将成为推动乡村社会全面发展和进步的重要力量。

（五）乡村治理方式法治化

1. 法治化：乡村治理的基石

法治化是乡村治理现代化的核心要素之一。它要求乡村治理的所有活动都必须在法律的框架内进行，确保治理过程的公正、透明和有序。通过法治化，可以有效遏制乡村治理中的权力滥用、腐败现象和不公行为，维护村民的合法权益，增强村民对乡村治理的信任感和归属感。

2. 完善乡村法律体系：法治化的前提

为了实现乡村治理方式的法治化，必须首先完善乡村法律体系。这包括制定和完善与乡村治理相关的法律法规，确保乡村治理有法可依、有章可循。同时还应加强乡村法律体系的宣传和推广，提高村民的法律意识和法治观念，使法律成为村民维护自身权益和乡村公共利益的有力武器。

3. 强化法律实施与监督：法治化的保障

法律的实施与监督是乡村治理方式法治化的重要保障，政府应建立健全乡村法律实施机制，确保法律在乡村治理中的有效执行。同时还应加强对乡村法律实施的监督和评估，及时发现和纠正法律实施中的问题，确保法律的公正性和权威性。政府还应鼓励和支持村民参与法律监督，形成政府、市场、社会以及村民共同参与的乡村法律监督体系。

4. 培育法治文化：法治化的土壤

乡村治理方式的法治化离不开法治文化的培育，政府应通过宣传教育、文化活动等多种途径，培育村民的法治意识和法治精神，使法治成为乡村社会的主流价值观。同时政府还应注重培育乡村社会的法治氛围，营造尊法学法守法用法的良好风尚。

5. 法治化与乡村振兴的互动

乡村治理方式的法治化与乡村振兴战略相互促进、相辅相成，一方面，法治化为乡村振兴战略的实施提供了有力的法治保障，确保了乡村振兴战略的顺利推进；另一方面，乡村振兴战略的实施也为法治化提供了广阔的实践舞台和丰富的实践经验，推动了法治化的不断完善和发展。

（六）乡村治理方法精细化

1. 精细化治理的内涵与意义

精细化治理强调在乡村治理中注重细节、精准施策，通过科学的方法和技术手段，实现乡村治理的精准化、高效化。这种治理方法能够更准确地把握乡村社会的实际情况，更精确地满足村民的需求，从而提升乡村治理的针对性和实效性。

2. 精细化治理在乡村治理中的应用

为了实现乡村治理方法的精细化，需要在多个方面进行深入探索和实践。在乡村规划方面，要注重规划的科学性和前瞻性，充分考虑乡村的自然环境、资源禀赋、产业基础等因素，制定符合乡村实际的发展规划。在乡村公共服务方面，要注重服务的均等化和便捷化，通过优化服务流程、提升服务质量，让村民享受到更加便捷、高效的公共服务。在乡村社会治理方面，要注重治理的多元化和民主化，通过建立健全村民自治组织、推广协商民主等方式，提升村民参与乡村治理的积极性和有效性。

3. 精细化治理与信息技术的融合

在信息化时代，信息技术为乡村治理方法的精细化提供了有力支撑。通过运用大数据、云计算、物联网等信息技术手段，可以实现对乡村社会的全面感知、动态监测和精准管理。例如通过大数据分析，可以更加准确地了解乡村的人口结构、经济状况、社会需求等信息，为政府制定更加精准的乡村政策提供数据支持。同时通过物联网技术，可以实现对乡村环境、农业生产等领域的实时监测和智能管理，提升乡村治理的智能化水平。

4. 精细化治理与人才队伍建设

实现乡村治理方法的精细化离不开专业人才的支持，需要注重乡村治理人才队伍的建设和培养。一方面，要通过高等教育、职业培训等途径，培养具备精细化治理理念和技能的人才；另一方面，要通过政策引导、激励机制等方式，吸引更多的人才投身乡村治理事业，为乡村社会的精细化治理提供智力支持。

5. 精细化治理的挑战与展望

虽然乡村治理方法的精细化具有诸多优势，但其在实施过程中也面临着诸多挑战。例如乡村地区的信息化基础设施相对薄弱，精细化治理的技术应用受到一定限制；同时村民的参与意识和自治能力也有待提升。随着技术的不断进步和政策支持的持续加强，我们有理由相信，乡村治理方法的精细化将成为推动乡村社会全面发展和进步的重要力量。未来，应进一步探索和实践精细化治理的新模式、新方法，不断提升乡村治理的效能和水平。

综上所述，乡村治理现代化的目标多元且具体，涵盖了治理主体、过程、机制、模式、方式和方法等多个方面。实现这些目标需要各方力量的共同努力和不断探索创新。在乡村振兴战略的大背景下，农业经济管理应紧密结合乡村治理现代化的要求和实践经验，为推动乡村全面振兴贡献智慧和力量。

二、乡村治理现代化的基本原则

构建现代乡村治理体系，要坚持以习近平新时代中国特色社会主义思想为指导，着力把握好推进乡村治理提升的基本原则，坚持人民治理主体地位，构建自治、法治、德治相结合的乡村治理体系，实现三者的良性互动，最终达成乡村善治。

（一）农民主体地位的原则

农民是乡村治理现代化的承载者，也是乡村治理现代化的受益者，还是乡村治理现代化效果的衡量者。如果农民没有积极性，乡村治理现代化就必然难以实现。乡村治理必须坚持为了人民、依靠人民，相信依靠群众、充分发动群众。要真正把人民满意不满意、拥护不拥护作为乡村治理成效的根本标准。坚决反对和制止各类违背农民意愿，搞强迫命令、劳民伤财的政绩工程，深化村民自治实践，加强基层民主政治建设，加快形成民事民议、民事民办、民事民管的多层次基层协商格局。"保障和支持农民通过自我管理、自我教育、自我服务的乡村自治机制在乡村社会当家做主，确保公共产品与公共服务的供给服从农民需要、交由农民决定，推动广大农民群众成为乡村治理的真正主体，激发农民的积极性、创造性，使其成为乡村振兴的内生动力"[1]。

（二）依法综合治理的原则

法治是治国理政的基本方式。作为协调和处理社会关系的一种手段，社会治理需要有法律根据、法律支撑、法律保障；社会治理的各个主体要有法治思维、

---

[1] 刘刚. 乡村治理现代化：理论与实践 [M]. 北京：经济管理出版社，2020：30.

法治意识，其行为要符合法治的规范与要求。

创新乡村治理体制，必须坚持依法治理，强化法治保障，努力运用法治思维和法治方式化解社会矛盾。推动治理方式由管控规制向依法治理转变。推进乡村治理现代化，还要综合运用除法律外的其他手段来进行社会治理。要坚持综合治理和系统治理，推动乡村治理手段从行政手段为主的单一手段运用过渡到向多种手段综合运用转变，把社会管理从政府单向管理向政府主导、社会多元主体共同治理转变。多种手段包括道德教育的手段、行为规范自律的手段、社会矛盾调解的手段等，通过坚持综合治理，强化道德约束，规范社会行为，调节利益关系，协调社会关系，解决社会问题。

（三）因时因地制宜的原则

因时因地制宜的原则强调根据不同地区的具体情况和发展阶段，采取灵活多样的治理措施，确保治理方案的有效性和适应性。

1. 区域差异的考虑

各地区在自然条件、经济水平、文化背景等方面存在差异，因此需要制定符合当地实际的治理措施。例如北方干旱地区需要重点解决水资源管理问题，而南方水网地区则需要注重水环境保护和洪涝灾害防治。

2. 动态调整的策略

随着经济社会的发展，乡村治理的重点和难点也会发生变化。因时因地制宜要求在治理过程中不断调整和优化治理措施，及时应对新的挑战和问题。例如随着农村人口结构的变化，需要调整农村医疗卫生和养老服务的供给方式。

3. 参与式治理

鼓励和支持村民参与乡村治理，根据当地群众的实际需求和意见，制定和实施治理方案。通过村民大会、村民代表会议等形式，增强村民的参与感和责任感，提高治理措施的实施效果。

（四）城乡统筹协调的原则

城乡统筹协调的原则强调在乡村治理过程中，要统筹城乡发展，实现资源的合理配置和均衡发展，缩小城乡差距，推动城乡共同繁荣。

1. 资源合理配置

统筹城乡资源配置，确保农村基础设施和公共服务水平不断提升。通过增加对农村基础设施建设的投入，改善农村交通、通信、水电等基础设施条件，提升农村的综合发展能力。

2. 公共服务均等化

推进城乡基本公共服务均等化，确保农村居民享有与城市居民同等的教育、医疗、文化等公共服务。通过加强农村教育资源配置，提高农村学校的教学质量；改善农村医疗卫生条件，保障农村居民的健康权益。

3. 产业协同发展

推动城乡产业协同发展，实现资源和要素的双向流动。通过发展农业产业链、建设农产品加工和流通体系，促进农村一二三产业融合发展。同时推动城市企业和人才向农村转移，带动农村经济发展。

（五）着眼全面振兴的原则

着眼全面振兴的原则要求在乡村治理过程中，综合考虑经济、社会、文化、生态等各个方面，实现乡村的全面振兴和可持续发展。

1. 经济振兴

通过提升农业生产效率、发展农村特色产业、推动产业融合等措施，实现农村经济的持续增长和农民收入的稳步提高。支持农民创业创新，培育新型农业经营主体，推动农村经济多元化发展。

2. 社会振兴

加强农村社会治理，提升农村社区的治理能力和公共服务水平。通过完善农村社会保障体系，提高农村居民的生活质量和幸福感。推动农村基层组织建设，增强农村社区的凝聚力和向心力。

3. 文化振兴

弘扬和传承乡村文化，加强农村文化设施建设，丰富农村文化生活。支持农村文化活动的开展，提升农村居民的文化素养和精神面貌。通过文化创意和乡村旅游，推动乡村文化产业发展。

4. 生态振兴

加强农村生态环境保护，推动绿色发展。通过实施生态农业、推进农业清洁生产、加强农村环境治理等措施，改善农村生态环境质量，实现生态与经济的协调发展。

乡村治理现代化是实现乡村振兴的关键环节，因时因地制宜的原则、城乡统筹协调的原则和着眼全面振兴的原则是乡村治理现代化的基本原则。因时因地制宜要求根据不同地区的具体情况和发展阶段，采取灵活多样的治理措施；城乡统筹协调强调在乡村治理过程中，实现资源的合理配置和均衡发展，推动城乡共同繁荣；着眼全面振兴则要求综合考虑经济、社会、文化、生态等各个方面，实现乡村的全面振兴和可持续发展。通过遵循这些基本原则，可以有效推进乡村治理现代化，提升乡村治理水平，实现乡村振兴的目标。

第二节　农业新旧动能转换助力乡村治理现代化

一、农业新旧动能转换与乡村治理现代化的相互关系

随着全球经济结构的深刻调整和我国经济社会发展的全面转型，农业作为国民经济的基础产业，其发展模式和管理方式也亟待创新升级。农业新旧动能转换，即通过培育新动能、改造提升传统动能，实现农业生产力质的飞跃，是破解当前农业发展难题、推动农业现代化的必由之路。同时乡村治理现代化作为乡村振兴战略的重要组成部分，旨在通过创新治理理念、完善治理体系、提升治理能力，构建符合新时代要求的乡村治理格局。农业新旧动能转换与乡村治理现代化之间存在着紧密的相互联系和相互促进的关系。

（一）农业新旧动能转换为乡村治理现代化提供动力源泉

农业新旧动能转换是推动乡村治理现代化的重要动力，一方面，新动能的培育，如数字农业、智慧农业、绿色农业等的发展，不仅提高了农业生产的效率和质量，也为乡村治理带来了全新的技术手段和管理模式。这些新技术、新模式的应用，使得乡村治理更加精准、高效，有助于解决传统治理方式中存在的信息不对称、决策滞后等问题。另一方面，传统动能的改造升级，如农业机械化、标准化、品牌化建设等，为乡村治理提供了更加坚实的物质基础和经济支撑。随着农业综合生产能力的不断提升，乡村治理所需的人力、物力、财力等资源得到更加充分的保障，为治理现代化的实现奠定了坚实基础。

（二）乡村治理现代化为农业新旧动能转换创造良好环境

乡村治理现代化是农业新旧动能转换的重要保障，一个治理有效、和谐有序

的乡村环境，能够为农业新旧动能转换提供稳定的社会基础和良好的外部条件。一方面，乡村治理现代化要求建立健全的农村基层治理体系，加强基层党组织建设，提高乡村治理的组织力和凝聚力。有助于形成上下联动、左右协调的治理格局，为农业新旧动能转换提供强有力的组织保障。另一方面，乡村治理现代化强调法治化、民主化、科学化的治理方式，注重保障农民的合法权益和民主权利。这有助于激发农民参与农业新旧动能转换的积极性、主动性和创造性，形成全社会共同推动农业转型升级的良好氛围。

（三）农业新旧动能转换与乡村治理现代化相互促进、共同发展

农业新旧动能转换与乡村治理现代化之间存在着相互促进、共同发展的良性互动关系[1]。一方面，农业新旧动能转换的成功实践，将为乡村治理现代化提供丰富的经验和启示。例如数字农业的发展促进了乡村治理的信息化水平提升；绿色农业的实践推动了乡村生态环境的改善和可持续发展能力的提升。这些成果都将为乡村治理现代化的深入推进提供有力支撑。另一方面，乡村治理现代化的不断推进，也将为农业新旧动能转换提供更加广阔的发展空间和更加优越的发展环境。例如随着乡村治理体系的不断完善和治理能力的不断提升，将为农业科技创新、人才引进、市场开拓等方面提供更加有力的支持和服务。这将有助于推动农业新旧动能转换的深入实施和取得更加显著的成效。

综上所述，农业新旧动能转换与乡村治理现代化之间存在着紧密的相互联系和相互促进的关系。农业新旧动能转换为乡村治理现代化提供了强大的动力源泉和坚实的物质基础；而乡村治理现代化则为农业新旧动能转换创造了良好的外部环境和广阔的发展空间。在乡村振兴战略的实施过程中，我们应该充分认识到两者之间的内在联系和相互促进关系，坚持以农业新旧动能转换为引领推动乡村治理现代化进程；同时以乡村治理现代化的深入推进为农业新旧动能转换提供有力保障和支持。只有这样才能实现农业与乡村的全面振兴和可持续发展目标。

---

[1] 余东华. 以"创"促"转"：新常态下如何推动新旧动能转换[J]. 中国经济问题研究，2018，(1)：108.

二、目前乡村治理现代化面临的主要障碍

（一）治理重心下移遭遇乡村治理"内卷化"

1. 乡村资源竞争加剧

随着治理重心的下移，乡村资源的分配和使用变得更加复杂，资源竞争加剧。村级组织在争取项目资金和政策支持时，容易出现内部资源争夺的现象，导致资源利用效率低下。

2. 基层治理能力不足

基层治理能力的不足是乡村治理"内卷化"的重要表现，许多村级组织缺乏专业的治理人才和科学的管理方法，导致治理效果不佳，治理能力难以适应现代化需求。

3. 过度行政化倾向

乡村治理过程中，行政化倾向严重，村级组织在执行上级政策时，缺乏自主性和创新性，容易陷入形式主义和官僚主义，影响治理的实效性。

（二）治理过程遇上农民主体地位虚化

1. 农民参与度低

在乡村治理中，农民的参与度低，主体地位虚化[①]。许多治理决策和实施过程中，农民缺乏参与的机会和渠道，导致政策与实际需求脱节。

2. 农民利益表达不畅

农民利益表达渠道不畅，农民的诉求和意见难以有效传递到决策层。村级组织在制定和实施政策时，缺乏对农民需求的充分了解和回应，影响了治理的公平性和合理性。

3. 农民权益保障不足

农民的权益保障不足，治理过程中容易忽视农民的合法权益。土地流转、拆迁安置等问题中，农民的权益常常得不到充分保障，导致矛盾和冲突频发。

---

① 史玉丁，李建军. 过度旅游：乡村社会的现实挑战与治理创新 [J]. 商业研究，2019，(8)：9-13.

(三) 社区治理共同体建设遭遇匮乏的现代化意识

1. 现代化意识薄弱

乡村居民的现代化意识薄弱，社区治理共同体建设面临巨大挑战。许多农民对现代化治理理念和方法缺乏认识，习惯于传统的生活和治理方式，难以接受和适应新的治理模式。

2. 社区合作精神不足

社区合作精神不足，难以形成强大的治理共同体。村民之间缺乏信任和合作，社区内部缺乏凝聚力，影响了社区治理的效果和效率。

3. 治理文化建设滞后

乡村治理文化建设滞后，现代化治理文化尚未形成。许多乡村缺乏治理文化的宣传和教育，居民对现代化治理的认同度和支持度不高，影响了社区治理的推进。

(四) 乡村治理智慧化遭遇乡村"空心化"

1. 人口流失严重

乡村"空心化"问题严重，人口大量流失，尤其是年轻劳动力的外流，导致乡村活力不足，治理智慧化难以推进。留守老人和儿童成为主要人口结构，难以适应智慧化治理的需求。

2. 资金和技术短缺

乡村治理智慧化需要大量的资金和技术支持，但许多乡村地区缺乏必要的资金和技术储备，智慧化治理设施和系统难以建设和维护。

3. 信息化基础薄弱

乡村信息化基础设施薄弱，互联网普及率低，信息技术应用水平不足。智慧化治理需要的信息采集、传输和处理系统难以有效运行，影响了治理效果。

三、农业新旧动能转换的作用机制

在乡村振兴战略的大背景下，农业新旧动能转换不仅关乎农业生产方式的转变，更深刻地影响着乡村治理的结构与模式。其中一个显著的变化就是乡村治理主体的多元化。这一变化，既是农业新旧动能转换的必然结果，也是乡村治理现

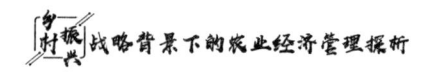

代化的重要标志。

（一）农业新旧动能转换带动乡村治理主体多元化

1. 传统治理主体与新兴治理力量的融合

农业新旧动能转换过程中，传统的乡村治理主体，如村民委员会、农村集体经济组织等，在继续发挥重要作用的同时也面临着新的挑战和机遇。与此同时一批新兴治理力量正在崛起，包括农业企业、农民专业合作社、家庭农场以及各类农村社会组织等。这些新兴治理力量以其灵活的经营机制、创新的治理模式，正在成为乡村治理中不可或缺的一部分。

2. 多元化治理主体的互动与协同

农业新旧动能转换推动了乡村治理主体的多元化，也促进了不同治理主体之间的互动与协同。一方面，传统治理主体与新兴治理力量之间通过合作与竞争，形成了更为复杂多元的治理网络；另一方面，政府、市场、社会等多方力量也在乡村治理中发挥着越来越重要的作用，共同推动着乡村治理体系的完善与治理能力的提升。

3. 多元化治理主体对乡村治理现代化的推动

农业新旧动能转换带动的乡村治理主体多元化，对乡村治理现代化产生了深远影响。多元化的治理主体为乡村治理提供了更为丰富的资源和手段，有助于解决乡村治理中的复杂问题；不同治理主体之间的互动与协同，推动了乡村治理体系的创新与完善，提高了治理效率和效果；多元化的治理主体还有助于激发乡村社会的活力与创造力，推动乡村社会的全面进步与发展。

综上所述，农业新旧动能转换通过带动乡村治理主体的多元化，为乡村治理现代化注入了新的活力与动力。在未来的乡村振兴战略实施过程中，应进一步发挥多元化治理主体的作用，推动乡村治理体系的创新与完善，实现乡村社会的全面振兴与发展。

（二）农业新旧动能转换孕育法治精神和规则意识

农业新旧动能转换不仅仅是经济发展模式的转变，更是推动乡村治理现代化的重要力量。在这一过程中，法治精神和规则意识的孕育和强化起到了至关重要的作用。

1. 强化农业生产中的法治观念

农业新旧动能转换过程中，法治精神的强化是保障农业经济健康发展的基础。

（1）法律法规的健全：随着农业现代化的推进，需要不断完善农业相关法律法规，包括土地使用、农产品质量安全、环境保护等方面的法律体系。通过健全的法律法规体系，明确各方权利和义务，保障农民和企业的合法权益。

（2）法律意识的提升：推动农民和农业企业提升法律意识，通过普法教育和培训，提高对农业法律法规的认识和遵守意识。法治观念的增强，有助于减少农业生产中的违法行为，维护市场秩序和公平竞争。

（3）法律监督和执行：加强农业法律法规的监督和执行力度，建立健全的法律监督机制，确保法律法规的有效实施。通过法律手段，保障农业生产的规范化和标准化，推动农业经济的可持续发展。

2. 培育市场经济中的规则意识

市场经济的发展离不开规则意识的支撑。农业新旧动能转换过程中，规则意识的培育尤为重要。

（1）市场规则的建立：在农业市场中建立健全的市场规则，包括交易规则、竞争规则和诚信规则等。通过完善市场规则，规范市场行为，保障市场的公平和透明。

（2）契约精神的弘扬：契约精神是市场经济的重要基础，农业新旧动能转换过程中，需倡导和弘扬契约精神，尊重和履行合同约定，维护契约的严肃性和权威性。通过契约精神的弘扬，增强市场主体的信用意识，推动市场秩序的稳定。

（3）市场监管的强化：加强对农业市场的监管，防止市场失灵和不正当竞争行为。建立健全的市场监管机制，通过行政、法律和社会多方力量，维护市场秩序，保护消费者和生产者的合法权益。

3. 促进农业治理现代化

法治精神和规则意识的孕育，对于推动农业治理现代化具有重要意义。

（1）提升治理水平：通过法治精神和规则意识的强化，提升农业治理水平。法治精神和规则意识的普及，使得农业治理更加规范化和科学化，提高治理的效率和公信力。

（2）增强农民自治能力：法治精神和规则意识的培育，有助于增强农民的自治能力。通过法律知识的普及和规则意识的培养，农民能够更好地参与乡村治理，推动农村社区的民主化和法治化。

(3) 推动治理模式创新：农业新旧动能转换过程中，法治精神和规则意识的强化，为农业治理模式创新提供了良好的环境和条件。通过法治和规则的引导，探索和推广现代化的农业治理模式，实现治理体系和治理能力的现代化。

农业新旧动能转换不仅是经济发展模式的转变，更是推动乡村治理现代化的重要力量。通过强化法治精神和规则意识，健全农业法律法规体系，提升法律意识和市场规则意识，增强契约精神和市场监管力度，可以有效提升农业治理水平，推动农业治理的现代化进程。法治精神和规则意识的孕育，既保障了农业经济的健康发展，又为乡村治理现代化提供了坚实的基础和有力的支持。通过多方努力，实现农业新旧动能转换的全面推进，促进乡村振兴和农业经济的可持续发展。

（三）农业新旧动能转换促进乡村治理方式的民主化

1. 农业新旧动能转换与村民参与意识的提升

农业新旧动能转换过程中，新技术的引入、新产业的兴起以及新市场的开拓，都为村民提供了更多的参与机会和平台。村民在参与农业生产、经济合作以及社会治理的过程中，逐渐意识到自己的权益和责任，参与意识得到了显著提升。这种参与意识的提升，为乡村治理方式的民主化奠定了坚实的基础。

2. 农业新旧动能转换与乡村治理决策的科学化

农业新旧动能转换推动了乡村经济的多元化发展，也带来了乡村治理决策的复杂化。为了应对这种复杂化，乡村治理决策需要更加科学化、民主化。在农业新旧动能转换的过程中，乡村治理主体逐渐意识到，只有充分听取村民的意见和建议，才能做出更加符合实际、更加科学的决策。乡村治理决策的科学化进程得到了加速，民主化的治理方式也逐渐成为主流。

3. 农业新旧动能转换与乡村治理监督的强化

农业新旧动能转换过程中，乡村经济的快速发展也带来了一些新的问题和挑战。为了应对这些问题和挑战，乡村治理监督的强化显得尤为重要。在农业新旧动能转换的推动下，乡村治理主体逐渐建立起更加完善的监督机制，鼓励村民积极参与监督，确保乡村治理的公正、透明和有效。这种监督机制的强化，不仅提升了乡村治理的效能，也进一步推动了乡村治理方式的民主化。

综上所述，农业新旧动能转换通过促进村民参与意识的提升、推动乡村治理决策的科学化以及强化乡村治理监督，有力地促进了乡村治理方式的民主化。在未来的乡村振兴战略实施过程中,应进一步发挥农业新旧动能转换的作用,推动乡村治理方式的不断创新和完善,实现乡村社会的全面振兴与发展。

(四)农业新旧动能转换提升乡村治理能力现代化

1. 推动治理技术的现代化

现代化技术的应用是提升乡村治理能力的关键。农业新旧动能转换过程中,先进技术的引入为乡村治理提供了有力支持。

(1)信息技术应用:信息技术在乡村治理中的广泛应用,大大提升了治理的效率和精准度。例如通过建立农业信息管理系统,实时监测农作物生长情况、病虫害防治等信息,帮助农民和治理者及时作出科学决策。电子政务平台的建设,使得乡村政务管理更加高效透明,方便群众办事。

(2)智能化管理:智能化管理手段的引入,使得乡村治理更加科学和精细。通过智能化灌溉、智能化监测系统等技术的应用,实现了农业生产的精细管理,提升了资源利用效率。智能化平台还能实现对乡村环境、资源的动态监控和管理,保障乡村生态环境的可持续发展。

2. 促进治理模式的创新

农业新旧动能转换过程中,新的治理模式不断涌现,为乡村治理现代化提供了丰富的经验和实践路径。

(1)合作治理模式:合作治理模式强调多方参与和协作,共同推进乡村治理。通过建立农民合作社、产业联盟等形式,凝聚农民、政府、企业等多方力量,共同解决乡村治理中的问题,提升治理的整体效能。

(2)社区参与模式:社区参与模式通过激发村民的参与热情,增强乡村治理的民主性和透明性。村民通过参与村务管理、公共事务决策,提升了对治理的认同感和责任感,有效推动了乡村治理的现代化。

3. 强化治理队伍的专业化

专业化治理队伍是乡村治理现代化的重要保障。农业新旧动能转换过程中,注重提升治理队伍的专业化水平。

(1)人才培训:加强对乡村治理人才的培训,提升其专业知识和管理能力。通过举办培训班、专题讲座和实地考察等方式,提高乡村干部和技术人员的素质,培养一批懂技术、会管理的专业化治理队伍。

(2)引进专业人才:吸引农业科技、农村管理等领域的专业人才到乡村工作。通过政策激励和环境改善，吸引城市专业人才到乡村创新创业，提升乡村治理的专业化水平。

4. 优化治理环境

良好的治理环境是提升乡村治理能力的重要基础。农业新旧动能转换过程中，通过优化治理环境，提升乡村治理的整体水平。

（1）完善基础设施：完善乡村基础设施建设，为治理现代化提供物质基础。通过加大投入，改善乡村道路、通信、供水供电等基础设施，提升乡村的综合服务能力和居民生活质量。

（2）健全法律法规：健全乡村治理相关法律法规，保障治理的规范化和法治化。通过制定和完善土地管理、环境保护、农民权益保障等方面的法律法规，确保乡村治理有法可依、有章可循。

农业新旧动能转换为提升乡村治理能力现代化提供了重要推动力。通过引入先进技术，推动治理技术现代化；创新治理模式，提升治理效能；强化治理队伍的专业化，提升治理水平；优化治理环境，保障治理的可持续发展。多方面的综合施策和实践创新，为实现乡村治理能力现代化提供了有力保障。未来，随着农业新旧动能转换的不断深化，乡村治理现代化将迈上新的台阶，为乡村振兴战略的全面实施奠定坚实基础。

第三节 新型农村集体经济与乡村治理的互动耦合

一、新型农村集体经济与现代乡村治理的互动耦合前提

在乡村振兴战略背景下，新型农村集体经济的兴起和现代乡村治理的推进成为农村发展的重要议题。新型农村集体经济不仅是推动农村经济发展的重要力量，更是提升乡村治理水平、实现乡村社会和谐的重要途径。

（一）法律法规的健全

健全的法律法规体系是新型农村集体经济与现代乡村治理互动耦合的重要前提。

1. 土地制度的完善

土地是农村集体经济的核心资源，完善土地制度，保障农民土地权益，是推

动新型农村集体经济发展的关键。通过土地确权登记，明确土地所有权和使用权，保障农民的土地承包经营权，为农村集体经济组织提供稳定的土地资源。

2. 集体经济组织法的制定

制定和完善集体经济组织法，为新型农村集体经济组织的运行提供法律保障。明确集体经济组织的权利和义务，规范其管理和运营行为，确保集体经济组织在法治轨道上健康发展。

3. 财税政策的支持

通过制定优惠的财税政策，支持新型农村集体经济的发展。包括减免税收、财政补贴和贷款支持等措施，为农村集体经济组织提供财务保障，促进其发展壮大。

（二）组织制度的建设

组织制度的建设是新型农村集体经济与现代乡村治理互动耦合的基础。

1. 完善集体经济组织结构

建立健全农村集体经济组织，明确其内部结构和职能分工。通过制定完善的组织章程，规范集体经济组织的管理和运营，提高其运作效率和透明度。

2. 加强基层党组织建设

基层党组织是农村治理的重要力量，加强基层党组织建设，提升其领导能力和服务水平，发挥党组织在集体经济发展和乡村治理中的核心作用。通过党建引领，促进集体经济组织和村民自治组织的有机结合，形成强有力的治理体系。

3. 推动村民自治

村民自治是实现乡村治理现代化的重要途径，通过完善村民自治机制，增强村民的参与意识和自治能力。鼓励村民积极参与集体经济事务的管理和决策，保障其合法权益，实现集体经济发展与村民自治的良性互动。

（三）资源配置的优化

优化资源配置，是新型农村集体经济与现代乡村治理互动耦合的重要前提。

1. 整合农村资源

整合农村土地、劳动力、资本等资源，推动资源的高效利用，通过土地流转、合作经营等方式，提高土地利用效率；通过技能培训、创业扶持等措施，提升劳动力素质和就业能力；通过金融创新、政策支持等手段，拓宽资本来源渠道，保障集体经济组织的资金需求。

2. 推动科技创新

科技创新是提升农村集体经济竞争力的重要途径。加大对农业科技的投入，推动科技成果的转化和应用。通过建设农业科技示范基地、推广先进种植养殖技术，提升集体经济组织的科技水平和生产效率。

3. 促进产业融合

推动农村一二三产业融合发展，提升集体经济的综合效益。通过发展农产品加工业、乡村旅游业、农村服务业，延长产业链条，增加附加值。通过产业融合，带动农民增收，提升农村经济的整体发展水平。

（四）人才培养与团队建设

人才培养与团队建设是新型农村集体经济与现代乡村治理互动耦合的关键。

1. 培养新型职业农民

通过职业教育和技能培训，培养新型职业农民。提升农民的科技素质和经营管理能力，使其成为推动集体经济发展的主力军。通过政策引导和激励措施，吸引年轻人返乡创业，壮大农村人才队伍。

2. 建设专业化管理团队

建设一支专业化的管理团队，提高集体经济组织的管理水平。通过选拔和培养优秀的管理人才，提升其专业知识和管理能力。通过引进农业专家、经营管理人才等，为集体经济组织提供智力支持。

3. 强化基层干部队伍建设

加强基层干部队伍建设，提升其服务意识和工作能力。通过定期培训、交流学习，提高基层干部的综合素质和治理能力。基层干部作为乡村治理和集体经济发展的组织者和推动者，其能力水平直接影响到治理效果和经济发展质量。

（五）社会资本的积累

社会资本的积累是新型农村集体经济与现代乡村治理互动耦合的重要支撑。

1. 增强农村社会信任

建立健全的信用体系，增强农村社会信任。通过推行信用评价、奖惩机制，培养诚信意识和信用文化。增强社会信任，有助于形成良好的社会氛围，推动集体经济的发展和乡村治理的有效实施。

2. 促进村民合作

推动村民合作，提高社会资本积累。通过发展合作社、互助组织等形式，增强村民的合作意识和能力。通过合作，提升集体经济组织的凝聚力和竞争力，实现资源共享和共同发展。

3. 建立健全社会网络

建立健全的社会网络，增强社会资本。通过加强与政府、企业、科研机构等的联系，建立广泛的合作关系。通过社会网络的支持，获取更多的资源和信息，为集体经济发展和乡村治理提供帮助。

新型农村集体经济与现代乡村治理的互动耦合，是实现乡村振兴的重要路径。其实现的基本前提包括健全的法律法规体系、完善的组织制度、优化的资源配置、强有力的人才培养与团队建设以及丰富的社会资本积累。通过多方面的综合施策，推动新型农村集体经济的发展，提升乡村治理能力和水平，实现乡村的全面振兴和可持续发展。未来需要政府、社会和农民的共同努力，不断创新和完善相关政策和措施，为新型农村集体经济与现代乡村治理的良性互动提供坚实保障。

二、新型农村集体经济与现代乡村治理的互动耦合机理

随着乡村振兴战略的深入实施，新型农村集体经济作为农村经济的重要组织形式，正逐渐展现出其在推动现代乡村治理中的独特作用。新型农村集体经济不仅关乎农村经济的发展，更与乡村治理体系的完善、治理能力的提升紧密相连。

（一）新型农村集体经济对现代乡村治理的推动作用

1. 经济基础的夯实

新型农村集体经济通过整合农村资源、优化产业结构、提高农业生产效率，为现代乡村治理提供了坚实的经济基础。经济基础的夯实，使得乡村治理有了更多的物质保障，能够更好地满足村民的公共服务需求，提升村民的生活质量。

2. 治理主体的培育

新型农村集体经济的发展，催生了一批具有现代经营理念、管理能力强的农

村集体经济组织和管理者。这些组织和管理者不仅在经济活动中发挥着重要作用，也逐渐成为现代乡村治理的重要主体，推动着乡村治理体系的创新与完善。

3. 治理手段的丰富

新型农村集体经济通过引入现代企业管理理念和技术手段，丰富了乡村治理的手段和方法。例如通过运用现代信息技术手段进行农村资源管理和公共服务提供，提高了乡村治理的效率和效果。

（二）现代乡村治理对新型农村集体经济的促进作用

1. 政策环境的优化

现代乡村治理注重政策环境的营造和优化，为新型农村集体经济的发展提供了有力的政策支持。例如通过制定优惠的税收政策、提供财政补贴和贷款支持等措施，降低了农村集体经济的运营成本，激发了其发展活力。

2. 市场环境的改善

现代乡村治理致力于改善农村市场环境，为新型农村集体经济的发展创造了良好的外部条件。通过加强市场监管、打击不正当竞争行为、完善农村市场体系等措施，保障了农村集体经济的合法权益，促进了其健康发展。

3. 社会环境的和谐

现代乡村治理注重社会环境的营造和维护，为新型农村集体经济的发展提供了稳定的社会基础。通过加强农村社会治理、化解社会矛盾纠纷、提升村民法治意识等措施，营造了和谐稳定的社会环境，为农村集体经济的发展提供了有力保障。

（三）新型农村集体经济与现代乡村治理的互动耦合效应

1. 经济效应

新型农村集体经济与现代乡村治理的互动耦合，推动了农村经济的持续快速发展。农村集体经济的壮大，为乡村治理提供了更多的物质支持；而乡村治理的完善，又为农村集体经济的发展创造了更好的外部环境。二者相互促进，形成了良性互动的经济效应。

2. 社会效应

新型农村集体经济与现代乡村治理的互动耦合，也带来了显著的社会效应。

农村集体经济的发展，提高了村民的收入水平和生活质量；而乡村治理的完善，又进一步提升了村民的幸福感和满意度；二者共同推动了农村社会的全面进步和发展①。

3. 政治效应

新型农村集体经济与现代乡村治理的互动耦合，还产生了重要的政治效应。农村集体经济的发展壮大，增强了村民对乡村治理的认同感和归属感；而乡村治理的完善，又进一步巩固了农村基层政权的基础。二者相互支撑，共同推动了农村政治的稳定和发展。

综上所述，新型农村集体经济与现代乡村治理之间存在着密切的互动耦合关系。新型农村集体经济通过夯实经济基础、培育治理主体、丰富治理手段等方式推动着现代乡村治理的发展；而现代乡村治理则通过优化政策环境、改善市场环境、营造和谐社会环境等方式促进着新型农村集体经济的壮大。二者在互动耦合中形成了经济效应、社会效应和政治效应，共同推动着乡村社会的全面振兴与发展。在未来的乡村振兴战略实施过程中，应进一步发挥新型农村集体经济与现代乡村治理的互动耦合作用，推动乡村经济社会的持续健康发展。

三、新型农村集体经济与现代乡村治理的互动耦合目标

新型农村集体经济与现代乡村治理的互动耦合是乡村振兴战略的重要组成部分。通过优化集体经济与乡村治理之间的关系，可以实现农村经济发展与社会治理的双重目标，推动农村的全面进步和长远发展。

（一）推动农村经济高质量发展

新型农村集体经济与现代乡村治理的互动耦合，首先要实现农村经济的高质量发展。通过集体经济的壮大，带动农村整体经济水平的提升。

1. 提升农业生产效率

通过引入先进的农业技术和管理模式，提高农业生产效率和产品质量。推广绿色农业、生态农业等可持续发展模式，确保农业生产的环境友好和资源高效利用。

---

① 康晓强. "村情通"：新时代乡村治理新模式 [M]. 北京：人民出版社，2018：186.

2. 发展多元化产业

推进农村产业结构调整，发展多元化产业。支持农产品加工业、乡村旅游业和特色农业的发展，增加农民收入来源，提升农村经济的多样性和抗风险能力。

3. 实现规模化经营

鼓励土地流转和规模化经营，提升土地利用效率。通过发展农民合作社和农业企业，推动农业生产的规模化和集约化，提高市场竞争力和经济效益。

（二）提升乡村治理水平

新型农村集体经济的发展为提升乡村治理水平提供了物质基础和社会条件，通过科学有效的治理措施，确保农村社会的和谐稳定。

1. 完善治理机制

建立健全的乡村治理机制，确保治理的科学性和有效性。通过制定村规民约和乡村治理规划，明确治理目标和路径，提高治理水平和执行力。

2. 强化基层党组织领导

发挥基层党组织在乡村治理中的领导核心作用。加强基层党组织建设，提高党员干部的治理能力和服务意识，增强党组织的凝聚力和战斗力。

3. 促进村民参与

通过健全村民自治机制，鼓励和支持村民参与乡村治理。提升村民的民主意识和自治能力，实现村民自我管理、自我教育、自我服务和自我监督，增强乡村治理的群众基础。

（三）实现生态环境保护和可持续发展

生态环境保护是乡村振兴的重要内容，通过集体经济与乡村治理的互动耦合，实现生态环境的保护和可持续发展。

1. 推广绿色发展理念

在农村经济发展过程中，推广绿色发展理念，倡导生态文明建设。通过普及环保知识和技术，提升农民的环保意识和参与环保活动的积极性。

2. 加强生态环境治理

实施生态环境治理措施，保护和改善农村生态环境。通过水土保持、植树造林和生态农业建设，防治水土流失、荒漠化和环境污染，提升农村环境质量。

3. 建立生态补偿机制

建立生态补偿机制，鼓励和支持农民参与生态环境保护。通过财政补贴、生态补偿等方式，调动农民保护生态环境的积极性，实现经济发展与生态保护的双赢。

（四）促进乡村文化传承与创新

乡村文化是乡村社会的重要组成部分，通过集体经济的发展和现代乡村治理，促进乡村文化的传承与创新。

1. 保护传统文化

保护和传承乡村传统文化，保持乡村的文化特色。通过开展民俗活动、修缮传统建筑等方式，传承和弘扬乡村的历史文化和民间艺术，增强村民的文化自信。

2. 发展文化产业

发展乡村文化产业，提升乡村文化的影响力和吸引力。通过开发文化旅游、举办文化节庆活动，增加农民收入，促进乡村文化与经济的融合发展。

3. 推进文化创新

推动乡村文化的创新发展，满足村民多样化的文化需求。通过引入现代文化元素，发展乡村文化创意产业，提升乡村文化的现代化水平和市场竞争力。

新型农村集体经济与现代乡村治理的互动耦合目标包括推动农村经济高质量发展、提升乡村治理水平、实现生态环境保护和可持续发展以及促进乡村文化传承与创新。通过优化集体经济与乡村治理之间的关系，可以实现农村经济、社会、生态和文化的全面振兴，推动乡村振兴战略的全面实施。为实现这些目标，需要政府、社会和农民的共同努力，不断创新和完善相关政策和措施，提升农村经济管理和乡村治理的水平，为农村的长远发展提供坚实保障。

第五章 农业经济管理与乡村文化传承研究

第一节 乡村文化的内涵、特征及构成

一、乡村文化的内涵

乡村文化，作为中华文化的重要组成部分，承载着丰富的历史记忆和地方特色，是乡村社会在长期的生产生活实践中形成的一种独特的文化形态。它不仅包括物质层面的农耕技术、田园景观，还涵盖了精神层面的价值观念、道德规范、风俗习惯以及艺术形式等。乡村文化以其深厚的底蕴和独特的魅力，成为乡村振兴的重要支撑和灵魂所在。

（一）乡村文化的作用

乡村文化在乡村振兴战略中扮演着至关重要的角色，其作用主要体现在以下几个方面。

（1）社会凝聚力与认同感：乡村文化是乡村居民共同的精神家园，它通过共同的价值观、信仰、习俗等，增强了村民之间的凝聚力和归属感，促进了乡村社会的和谐稳定。这种文化认同感是乡村社会发展的内在动力，有助于形成团结互助、共谋发展的良好氛围。

（2）经济发展的助推器：乡村文化具有丰富的经济潜力，特别是文化旅游、特色农产品、手工艺品等，往往能成为乡村经济的新增长点。通过挖掘和展示乡村文化的独特魅力，可以吸引外部投资，促进乡村产业结构的优化升级，为乡村经济带来新的发展机遇。

（3）生态环境保护的意识源泉：乡村文化中蕴含的"天人合一""敬畏自然"等哲学思想，是指导现代农业可持续发展的宝贵财富。它倡导人与自然和谐共生，鼓励采用生态友好的生产方式，对于推动绿色农业、保护农村生态环境具

有不可替代的作用。

（4）创新与传承的桥梁：乡村文化不仅是历史的积淀，也是创新的源泉。在乡村振兴过程中，通过现代科技手段对传统文化进行创新性转化和发展，可以使乡村文化焕发新的生机，同时保留其核心价值，实现传统文化的活态传承。

（5）提升乡村治理效能：乡村文化中的道德伦理、乡规民约等，是乡村社会治理的重要资源。它们为乡村提供了自我管理和自我约束的机制，有助于构建自治、法治、德治相结合的乡村治理体系，提高乡村治理的效率和效果。

综上所述，乡村文化不仅是乡村振兴的精神基础，也是推动农业经济管理创新的重要力量。在乡村振兴战略背景下，加强对乡村文化的保护与传承，促进其与现代经济管理的有效融合，对于实现乡村全面振兴具有深远的意义。探索如何在农业经济管理实践中融入乡村文化元素，使之成为推动乡村可持续发展的强大动力，是当前及未来乡村研究与实践的重要课题。

（二）乡村文化的美感要素

乡村文化作为乡村社会的精神与物质的综合表现，其内涵丰富且具有独特的美感要素。乡村文化的美感要素不仅体现了乡村的自然风光和人文景观，还反映了乡村居民的生活方式、审美趣味和文化追求。

1. 乡村自然景观

乡村自然景观是乡村文化美感要素的重要组成部分，乡村自然景观包括田园风光、山水景色、花草树木等，这些自然景观不仅展现了乡村的自然美，还为乡村居民的生活提供了丰富的生态资源。

（1）田园风光

田园风光是乡村自然景观的代表，呈现出一幅和谐美丽的农业图景。整齐的农田、碧绿的庄稼、弯弯的小路、蜿蜒的小溪，构成了一幅幅美丽的田园画卷。这种田园风光不仅让人感受到自然的美，也体现了农业生产的秩序和乡村生活的宁静。

（2）山水景色

山水景色是乡村自然景观的重要元素，展现了乡村的自然壮美。青山环绕、溪水潺潺、瀑布飞溅、湖光山色，这些自然景色构成了乡村独特的山水画卷。山水景色不仅美化了乡村环境，也为乡村旅游和休闲提供了良好的条件。

(3) 花草树木

乡村中的花草树木丰富多样,四季交替,展现出不同的美感。春天,野花遍地,树木吐绿;夏天,绿树成荫,花香四溢;秋天,果实累累,树叶金黄;冬天,银装素裹,松柏挺立,这些花草树木不仅点缀了乡村景色,也为乡村居民提供了舒适的生活环境。

2. 乡村建筑风貌

乡村建筑风貌是乡村文化美感要素的重要体现,反映了乡村居民的生活方式和审美追求。乡村建筑包括传统民居、村庄布局、公共建筑等,这些建筑风貌具有独特的美学价值。

(1) 传统民居

传统民居是乡村建筑的核心,具有浓厚的地域特色和文化内涵。不同地区的传统民居在建筑材料、结构形式、装饰风格等方面各具特色,展现了乡村建筑的多样性和美感。例如北方的窑洞、江南的水乡民居、南方的土楼等,都是乡村建筑美感的体现。

(2) 村庄布局

村庄布局是乡村建筑风貌的重要组成部分,体现了乡村社会的组织形式和生活习惯。传统村庄布局通常遵循自然地形和风水理念,形成独特的村落形态。村庄中的街巷、广场、祠堂、寺庙等公共空间,构成了乡村社会生活的核心区域,展现了乡村建筑的和谐美。

(3) 公共建筑

乡村中的公共建筑,如祠堂、寺庙、学校、村委会等,是乡村文化的重要载体。这些公共建筑不仅具有实用功能,还承载着乡村的历史记忆和文化传统。精美的建筑装饰、雕刻和彩绘,体现了乡村建筑的艺术价值和美学追求。

3. 乡村生活方式

乡村生活方式是乡村文化美感要素的生动表现,反映了乡村居民的日常生活和审美情趣。乡村生活方式包括劳动生活、休闲娱乐、节庆活动等,这些生活方式充满了自然之美和人文之美。

(1) 劳动生活

乡村居民的劳动生活充满了自然的美感,田间劳作、畜牧放牧、渔猎采集等劳动场景,不仅展现了农业生产的繁忙和有序,还体现了人与自然的和谐共生。劳动生活中的农具、劳动服饰等,也具有独特的美学价值。

（2）休闲娱乐

乡村居民的休闲娱乐活动丰富多彩，充满了生活的乐趣和文化的美感。乡村集市、庙会、民间戏曲、歌舞表演等休闲娱乐活动，不仅丰富了乡村居民的精神生活，还展现了乡村文化的多样性和艺术性。

（3）节庆活动

乡村的节庆活动是乡村生活方式的重要组成部分，充满了浓厚的文化氛围和美感。例如春节、元宵节、端午节、中秋节等传统节日，乡村居民通过祭祖、舞龙舞狮、花灯展览、粽子制作等活动，庆祝节日，传承文化。这些节庆活动不仅增进了乡村居民的感情交流，还展示了乡村文化的丰富性和美感。

4. 乡村民俗活动

乡村民俗活动是乡村文化美感要素的重要表现，反映了乡村居民的精神世界和审美趣味。民俗活动包括婚礼、丧葬、庙会、民间艺术等，这些活动充满了文化的魅力和艺术的美感。

（1）婚礼习俗

乡村的婚礼习俗丰富多彩，充满了喜庆和美感。婚礼中的迎亲、拜堂、宴请等环节，不仅体现了乡村居民对婚姻的重视和祝福，还展现了乡村文化的独特魅力。

（2）丧葬习俗

乡村的丧葬习俗庄重而富有仪式感，体现了乡村居民对逝者的敬重和对生命的思考。丧葬中的祭祀、哀悼、送葬等环节，充满了文化的内涵和情感的表达，展现了乡村文化的深厚底蕴。

（3）庙会活动

乡村的庙会活动是乡村文化的重要组成部分，充满了宗教和民俗的色彩。庙会中的祭祀、游神、表演等活动，吸引了大量的村民和游客，展现了乡村文化的活力和美感。

（4）民间艺术

乡村的民间艺术，如剪纸、刺绣、绘画、雕刻等，充满了艺术的美感和文化的魅力。民间艺术作品不仅具有很高的艺术价值，还反映了乡村居民的审美趣味和文化追求。

乡村文化的美感要素是乡村文化内涵的重要组成部分，体现了乡村的自然美、建筑美、生活美和艺术美。通过自然景观、建筑风貌、生活方式和民俗活动等方面，乡村文化展示了其丰富多彩的美感内涵。这些美感要素不仅提升了乡村居民的生活品质和审美情趣，还为乡村振兴和文化传承提供了重要的文化资源和精神动力。

（三）乡村文化的审美价值

乡村文化不仅是乡村社会经济活动和生活方式的综合反映，也是独具魅力的审美现象。乡村文化的审美价值体现在自然风光、建筑风貌、民俗活动、艺术创作等多个方面，展示了乡村独特的美学意义。

1. 自然风光中的审美价值

乡村的自然风光是其审美价值的核心组成部分，展现了乡村的自然之美和生态之美。

（1）田园景色

田园景色是乡村自然风光的代表，宁静的田野、金黄的麦浪、翠绿的稻田，构成了一幅幅美丽的田园画卷。这种景色不仅让人感受到自然的宁静与和谐，还传递出乡村生活的纯朴与安详。

（2）四季变化

乡村的四季变化赋予了乡村景色独特的美感。春天，百花齐放，生机盎然；夏天，绿树成荫，果实累累；秋天，稻谷飘香，层林尽染；冬天，银装素裹，宁静肃穆。这些季节变化展示了乡村的多样美，使人们在不同季节中感受到不同的自然美景。

（3）生态和谐美

乡村中的河流、湖泊、山峦、森林等自然景观，展示了乡村的生态和谐美。清澈的溪水、连绵的山脉、茂密的森林、广袤的草原，这些自然元素共同构成了乡村独特的生态美，使人们在亲近自然中体验到自然的力量和美感。

2. 乡村建筑中的审美价值

乡村建筑是乡村文化审美价值的重要体现，反映了乡村居民的生活智慧和美学追求。

（1）传统民居

传统民居是乡村建筑的典型代表，具有浓郁的地域特色和文化内涵。不同地区的传统民居在建筑材料、结构形式、装饰风格等方面各具特色，如北方的窑洞、江南的水乡民居、南方的土楼等，这些建筑既实用又美观，展示了乡村居民的生活智慧和审美情趣。

（2）村庄布局

村庄布局是乡村建筑美感的整体体现，传统村庄通常依山傍水，因地制宜，形成了独特的村落形态。村庄中的街巷、广场、祠堂、寺庙等公共空间，构成了乡村社会生活的核心区域，展现了乡村建筑的和谐美。

（3）建筑装饰

乡村建筑中的装饰艺术，如雕刻、绘画、彩绘等，具有很高的艺术价值。这些装饰艺术不仅美化了建筑，还承载了丰富的文化内涵，体现了乡村居民的艺术创造力和美学追求。

3. 民俗活动中的审美价值

乡村的民俗活动是乡村文化的重要组成部分，充满了文化的魅力和艺术的美感。

（1）节庆活动

乡村的节庆活动，如春节、元宵节、端午节、中秋节等，充满了喜庆和美感。节庆活动中的舞龙舞狮、花灯展览、文艺演出等，不仅丰富了乡村居民的精神生活，还展示了乡村文化的多样性和艺术性。

（2）婚礼习俗

乡村的婚礼习俗充满了浓郁的文化色彩和审美价值，婚礼中的迎亲、拜堂、宴请等环节，既体现了乡村居民对婚姻的重视和祝福，也展示了乡村文化的独特魅力和美感。

（3）丧葬礼仪

乡村的丧葬礼仪庄重而富有仪式感，反映了乡村居民对生命的敬重和对逝者的哀悼。丧葬中的祭祀、送葬等环节，充满了文化的内涵和情感的表达，展现了乡村文化的深厚底蕴和审美价值。

4. 艺术创作中的审美价值

乡村艺术创作是乡村文化审美价值的重要表现，展示了乡村居民的艺术创造力和美学追求。

（1）民间工艺

乡村的民间工艺，如剪纸、刺绣、陶艺、竹编等，充满了艺术的美感和文化的魅力。这些民间工艺不仅具有很高的实用价值，还展现了乡村居民的艺术天赋和创造力。

(2) 民间音乐

乡村的民间音乐，如民歌、山歌、戏曲等，充满了浓郁的乡土气息和艺术美感。民间音乐不仅丰富了乡村居民的精神生活，还承载了丰富的文化内涵，展示了乡村文化的独特魅力。

(3) 民间舞蹈

乡村的民间舞蹈，如秧歌、扇子舞、舞狮等，充满了活力和美感。民间舞蹈不仅是乡村居民表达情感和庆祝节日的重要方式，还展示了乡村文化的艺术性和审美价值。

乡村文化的审美价值体现在自然风光、建筑风貌、民俗活动和艺术创作等多个方面，展示了乡村的自然之美、建筑之美、生活之美和艺术之美。通过这些美感要素，乡村文化不仅提升了乡村居民的生活品质和审美情趣，还为乡村振兴和文化传承提供了重要的文化资源和精神动力。

二、乡村文化的特征

乡村文化是指以乡村社区为依托，以乡村居民为主体，在长期的历史演进过程中逐渐形成并传承的一种文化形态。乡村文化具有以下几个主要特征。

（一）地域性

乡村文化的形成和发展受到当地历史的影响。不同地区的乡村文化传承着不同的历史记忆和传统文化，这使得乡村文化具有了独特的地域特色。例如一些乡村地区可能保留着古老的习俗和传统手工艺，这些文化元素在当地的历史长河中得以保留和传承。

乡村文化的形成和发展受到地理环境的影响。不同地区的乡村文化可能受到不同的地理环境因素的影响，例如气候、地形、资源等。这些因素影响了乡村居民的生活方式和文化表现形式，使得乡村文化具有了强烈的地域特色。例如一些乡村地区可能因为地理环境的影响而形成了独特的建筑风格和农业生产方式。

乡村文化的形成和发展受到当地社会经济条件的影响。不同地区的乡村经济发展水平可能存在差异，这影响了乡村居民的生活水平和文化需求。一些乡村地区可能因为经济发展水平的限制而保留了更多的传统元素，而一些经济较为发达的乡村地区则可能更加注重现代化和文化创新。

(二) 自然和谐性

乡村文化尊重自然、顺应自然。乡村居民在长期的生产生活实践中，逐渐领悟到人与自然之间是相互依存、和谐共生的关系。他们深知自然环境是农业生产不可或缺的基石，也是支撑日常生活的重要资源。乡村文化中处处体现着尊重自然、顺应自然的理念与行动。乡村居民会遵循自然的节律，进行有序的农业生产，他们注重土地和水资源的保护，避免过度开发和污染，以确保乡村生态可持续发展。这种对自然的尊重和顺应，是乡村文化的重要组成部分，也是乡村居民共同秉持的宝贵价值观。

乡村文化强调人与自然的和谐共处。乡村居民认为人与自然是息息相关的，人类应当与自然和谐共处，保持一种平衡和谐的关系。他们注重保护生态环境，维护生态平衡，反对破坏自然环境的行为。同时乡村文化也强调人类对自然的责任和义务，要求人类积极参与到保护和改善自然环境的行动中去。

乡村文化是一种可持续发展的文化。它强调在满足当代人需求的同时不损害未来世代的需求。乡村文化注重资源的合理利用和代际传承，反对浪费和过度消费。例如乡村居民会通过循环利用资源、推广有机农业等方式来保护土地和水资源，促进可持续发展。

(三) 传统性

乡村文化保留了许多古老的习俗和传统。这些习俗和传统是乡村居民在长期的生产生活中逐渐形成的，它们代表着乡村居民对自然和社会的认知和理解。例如许多乡村地区保留着古老的节庆习俗，如春节、端午节、中秋节等，这些节日都有着自己独特的历史渊源和文化内涵。

乡村文化中还保留了许多传统手工艺和民间艺术。这些手工艺和民间艺术是乡村居民在长期的生产生活中逐渐积累和形成的，它们具有独特的艺术价值和实用价值。例如一些乡村地区有着独特的剪纸、刺绣、泥塑等民间艺术，这些艺术形式在世代传承中得以保留和发扬光大。

乡村文化的传统性特征还体现在它对乡村居民的生活方式和价值观念的影响上。乡村文化强调传统美德和家庭观念，注重邻里之间的互助合作和亲情乡情。这些价值观念在当代的乡村生活中仍然发挥着重要的作用。

(四) 多元性

乡村文化包含了许多不同的文化元素和文化表现形式。这些文化元素和文化表现形式是在漫长的历史发展过程中逐渐积累和形成的,它们代表着乡村居民对自然和社会的认知和理解。例如乡村文化中包含了民间艺术、传统手工艺、民俗文化等多种形式,这些文化形式都具有自己独特的艺术价值和历史价值。

乡村文化的多元性还体现在它对不同地区之间的文化交流和融合的作用上。随着社会的发展和城市化进程的加速,不同地区的乡村文化之间也在进行着交流和融合。这种交流和融合使得乡村文化更加丰富多彩,也使得乡村文化具有了更强的生命力和发展潜力。

乡村文化的多元性特征还体现在它对当代社会的贡献上。乡村文化不仅是一种文化遗产,更是一种具有实际意义的文化资源。乡村文化的传承和发展对于促进农村经济发展、推动农村社会进步、维护社会稳定等方面都具有重要的作用。同时乡村文化也是人们追求美好生活的重要内容之一,它能够满足人们的精神需求,提升人们的生活品质。

三、乡村文化的构成

乡村文化是一个复杂而多元的系统,它深深植根于乡村社会的土壤之中,由农民的思维与价值观念、生活方式、社会习俗、艺术形式等多个层面共同构成。在这一节中,将重点探讨农民的思维与价值观念这一核心构成部分,揭示其在乡村文化传承与发展中的重要地位。

(一)农民的思维与价值观念

农民的思维与价值观念是乡村文化的灵魂,它反映了农民对世界的认知、对生活的态度以及对价值的判断。这些思维与价值观念在乡村社会的长期历史发展中逐渐形成,并随着时代的变迁而不断演变。

1. 土地情节与农耕思维

土地是乡村文化的基石,农民对土地有着深厚的感情和依赖。在他们的思维中,土地不仅是生活的来源,更是精神的寄托。农耕思维强调顺应自然、勤劳耕作,这种思维方式塑造了农民坚韧不拔、勤劳朴实的性格特征。在现代农业经济管理中,这种农耕思维仍然具有重要价值,它提醒我们要尊重自然、保护生态环境,实现农业的可持续发展。

2. 家族观念与社区意识

乡村社会是一个以血缘和地缘为基础的社会结构,家族观念和社区意识在农民的思维中占据重要地位。农民注重家族荣誉和家族责任，强调家族成员之间的相互扶持和共同利益。他们也具有强烈的社区意识，关心乡村社会的整体福祉和公共利益。这种家族观念和社区意识有助于形成紧密的乡村社会关系网络，促进乡村社会的和谐稳定。

3. 传统道德观念与伦理规范

乡村文化蕴含着丰富的传统道德观念和伦理规范，如尊老爱幼、诚实守信、勤俭节约等。这些道德观念和伦理规范在农民的思维中根深蒂固，成为他们行为处事的重要准则。在现代社会中，这些传统道德观念和伦理规范仍然具有重要的现实意义，它们为乡村社会的道德建设提供了坚实的基础。

4. 宗教信仰与民间信仰

宗教信仰和民间信仰是乡村文化的重要组成部分，在农民的思维中占据重要地位。无论是佛教、道教等宗教信仰，还是各种民间信仰和习俗，都为农民提供了精神寄托和心灵慰藉。这些信仰和习俗在乡村社会中发挥着重要的社会整合功能，有助于维护乡村社会的秩序和稳定。

5. 创新与变革的思维

尽管乡村文化强调传统和稳定，但农民的思维中并不缺乏创新和变革的元素。在面对现代社会的挑战和机遇时，农民也在不断探索和尝试新的生活方式和生产方式。他们通过学习和借鉴外部经验，结合自身的实际情况，创造出适合乡村社会发展的新模式和新路径。这种创新和变革的思维为乡村文化的传承与发展注入了新的活力。

农民的思维与价值观念是乡村文化的重要构成部分，它反映了乡村社会的历史传统、生活方式和精神追求。在现代农业经济管理实践中，应该充分尊重和理解农民的思维与价值观念，将其与现代管理理念和方法相结合，推动乡村文化的传承与创新发展。同时也应该积极引导和培育农民的创新意识和变革精神，为乡村社会的全面发展注入新的动力。

（二）农业科技水平

农业科技水平是乡村文化构成的重要组成部分。现代农业科技的应用，不仅提高了农业生产效率和农产品质量，还深刻影响了乡村社会的生产方式、生活方式和文化形态。

1. 农业科技的发展现状

(1) 农业机械化

农业机械化是现代农业科技的重要标志，通过广泛应用拖拉机、收割机、插秧机等现代农业机械，减少了劳动力投入，提高了生产效率，改善了农民的劳动条件。机械化的推广，使得农业生产从传统的手工操作逐步向机械化、规模化方向发展。

(2) 生物技术

生物技术在农业中的应用，极大地推动了农业生产的现代化进程。转基因技术、杂交育种、分子标记技术等生物技术的应用，培育出了高产、优质、抗病虫害的农作物品种，提升了农产品的产量和质量。生物技术的发展，为农业的可持续发展提供了重要保障。

(3) 信息技术

信息技术在农业中的应用，使得农业生产管理更加科学和高效。通过物联网、大数据、云计算等技术，建立了智能农业管理系统，实现了对土壤、水分、气象、病虫害等农业生产要素的实时监控和精准管理。信息技术的应用，提高了农业生产的精细化管理水平，降低了生产风险。

(4) 生态农业

生态农业技术的推广，推动了农业生产向绿色、可持续方向发展。通过推广有机农业、无公害农业、生态农业等生产方式，减少了化肥、农药的使用，保护了农业生态环境，提高了农产品的安全性和品质。生态农业的发展，为实现农业与生态环境的协调发展提供了技术支撑。

2. 农业科技对乡村经济的影响

(1) 提高农业生产效率

农业科技的应用，提高了农业生产效率；通过机械化操作、良种良法、科学施肥等技术措施，减少了劳动力投入，增加了农作物的产量和质量，提高了农业生产的经济效益。

(2) 增加农民收入

农业科技的发展，为农民带来了实实在在的经济收益。通过推广高产优质品种、发展特色农业、进行农产品加工等措施，增加了农民的收入来源，改善了农民的生活水平。

(3) 促进农业产业化

农业科技的应用，推动了农业产业化进程。通过发展农业产业链，建立农产品加工、储运、销售等一体化经营模式，提升了农产品的附加值和市场竞争力，促进了农村经济的多元化发展。

3. 农业科技对农民生活的影响

(1) 改善劳动条件

农业机械化和现代农业技术的应用，改善了农民的劳动条件。传统农业生产中的繁重体力劳动，被现代机械操作所替代，大大减轻了农民的劳动强度，改善了工作环境和工作条件。

(2) 提升生活质量

农业科技的发展，增加了农民的收入，提高了生活质量。通过科学种植、养殖和经营，农民可以获得更高的经济收益，用于改善住房条件、教育条件和医疗条件，提高了生活水平和幸福感。

(3) 增强科技意识

农业科技的推广和应用，提高了农民的科技意识和科学素质。通过参加农业技术培训、学习农业知识，农民逐渐掌握了现代农业技术，增强了创新能力和市场适应能力，培养了现代农业生产经营者。

4. 农业科技对乡村文化的影响

(1) 促进文化传承

农业科技的发展，为乡村文化的传承提供了新的手段和途径。通过信息技术和现代传播工具，传统的农业知识、农耕文化和民俗活动得以更广泛地传播和传承，丰富了乡村文化的内涵和表现形式。

(2) 推动文化创新

农业科技的应用，推动了乡村文化的创新发展。通过现代农业科技的引入，传统的农耕文化与现代科技文化相结合，形成了新的文化形态和文化内容。农业科技的创新，为乡村文化注入了新的活力和动力。

(3) 提升文化水平

农业科技的发展，提升了乡村居民的文化水平和审美素养。通过参与农业科技活动、学习现代农业知识，农民的文化素质和科技素养得到提升，增强了对现代文化的认同感和参与度，促进了乡村文化的繁荣发展。

农业科技水平是乡村文化构成的重要组成部分，对乡村经济、农民生活和乡村文化产生了深远的影响。农业科技的发展，提高了农业生产效率，增加了农民收入，改善了劳动条件，提升了生活质量；同时农业科技的应用，促进了乡村文化的传承和创新，提升了乡村居民的文化水平和审美素养。未来在乡村振兴战略的推动下，需要进一步推进农业科技的创新和应用，发挥农业科技在乡村经济发展和文化传承中的重要作用，实现乡村经济与文化的双重振兴。

（三）乡村方言

乡村方言是乡村文化的重要组成部分，承载着丰富的历史记忆、文化内涵和地域特征。它不仅是乡村居民日常交流的重要工具，也是文化传承和身份认同的象征。乡村方言在乡村社会中发挥着重要作用，其构成和特征值得深入探讨。

1. 乡村方言的历史背景

（1）地域性与多样性

乡村方言具有强烈的地域性，每个地方的方言都独具特色。这些方言在长期的历史演变中形成，深深植根于当地的自然环境、社会结构和历史文化背景之中。乡村方言的多样性反映了我国幅员辽阔、民族众多、文化多样的特点。

（2）历史传承

乡村方言是历史传承的重要载体，方言中保留了许多古老的词汇和语法结构，反映了当地历史发展的脉络。例如某些方言中的词汇可能来源于古代汉语或少数民族语言，展示了历史上不同文化的交流与融合。

2. 乡村方言的文化价值

（1）文化身份的象征

乡村方言是乡村居民文化身份的重要象征，方言不仅是交流工具，更是乡村居民文化认同和归属感的体现。通过使用方言，乡村居民能够加强彼此之间的联系，增强社区的凝聚力和归属感。

（2）文学和艺术创作

乡村方言在文学和艺术创作中具有独特的价值，许多乡土文学、民间故事和民间歌谣都使用方言创作，这些作品生动地反映了乡村生活的真实面貌和情感世界。方言的使用使作品更具地方特色和艺术感染力。

（3）民俗活动中的运用

乡村方言广泛运用于各种民俗活动中，如传统节日、婚丧嫁娶、庙会祭祀等。这些活动，方言不仅是交流工具，也是文化表演的重要元素。通过方言，民俗活动更具真实感和亲切感，增强了文化的传承效果。

3. 乡村方言的特征

（1）音韵独特

乡村方言在音韵上具有独特性，不同地区的方言在语音、声调、音变等方面各具特色。例如南方方言中的平舌音和翘舌音，北方方言中的四声调型等，都展示了方言的多样性和独特性。

（2）词汇丰富

乡村方言词汇丰富，多样性强。许多方言中保留了大量的古语、俗语和土语，这些词汇具有独特的文化内涵和地方特色。例如某些方言中的植物、动物、食物名称，往往具有浓厚的地域色彩，反映了当地的自然环境和生活习惯。

（3）语法独特

乡村方言在语法上也具有独特性，不同方言在句法结构、词形变化、语序等方面存在差异。这些差异不仅体现了方言的独特性，也展示了汉语的多样性和丰富性。

4. 乡村方言的传承与保护

（1）传承机制

乡村方言的传承主要依靠口耳相传，在家庭、社区和学校中，长辈将方言传授给下一代，使方言在日常生活和交流中得以延续。通过家庭教育、社区活动和学校课程，乡村方言得到有效传承和保护。

（2）保护措施

在现代化进程中，乡村方言面临着逐渐消失的风险。为保护和传承乡村方言，需要采取一系列措施。政府和社会组织应加大对方言文化的重视和投入，通过建立方言档案、编写方言词典、录制方言资料等方式，保存方言文化遗产。

（3）方言与现代教育

在现代教育中，应加强对乡村方言的重视和传承。在课程设置中，可以加入方言文化教育，鼓励学生学习和使用方言。通过文化活动、方言比赛等形式，增强学生对方言文化的认知和兴趣，促进方言的传承和保护。

乡村方言作为乡村文化的重要组成部分，具有丰富的历史背景和独特的文化价值。通过对乡村方言的深入研究，可以更好地理解乡村社会的文化内涵和发展脉络。乡村方言在历史传承、文化身份、文学艺术和民俗活动中发挥着重要作用，其音韵独特、词汇丰富、语法独特的特征展示了汉语的多样性和丰富性。在现代化进程中，传承和保护乡村方言是文化保护的重要任务，需要政府、社会和教育机构的共同努力，通过多种措施确保方言文化的延续和发展。乡村方言不仅是文化遗产的重要组成部分，也是实现乡村振兴、增强文化自信的重要力量。

（四）乡村文学

乡村文学，作为乡村文化的重要表现形式，承载着乡村社会的历史记忆、生活情感和价值观念。它以独特的艺术手法和生动的描绘，展现了乡村的风土人情、自然景观以及农民的生活状态和精神追求。乡村文学不仅是乡村文化的瑰宝，也是连接乡村与城市、传统与现代的重要桥梁。

1. 乡村文学的历史渊源

乡村文学的历史可以追溯到古代，那时文人墨客常以田园诗、山水画等形式表达对乡村生活的向往和赞美。随着时代的发展，乡村文学逐渐丰富多样，从古代的田园诗词到现代的小说、散文、戏剧等，都留下了深刻的乡村印记。这些文学作品不仅记录了乡村的历史变迁，也传承了乡村的文化基因。

2. 乡村文学的主题与内容

乡村文学的主题丰富多样，既包括农民的生活琐事、家庭情感，也包括乡村的自然风光、民俗传统。它通过细腻的笔触和生动的描绘，展现了乡村生活的真实面貌和农民的内心世界。乡村文学也关注乡村社会的现实问题，如贫困、教育、医疗等，通过文学的力量呼唤社会关注和改变。

3. 乡村文学的艺术特色

乡村文学以其独特的艺术特色而著称，它善于运用乡土语言，使作品充满浓郁的地方色彩和亲切感。它也注重细节描写和情感抒发，使读者能够身临其境地感受乡村生活的魅力和农民的喜怒哀乐。乡村文学还常常融入民间传说、神话故事等元素，增添了作品的神秘感和趣味性。

4. 乡村文学在乡村文化传承中的作用

乡村文学在乡村文化传承中发挥着重要作用，它是乡村历史记忆的重要载体，通过文学作品的传阅和传唱，乡村的历史和传统得以延续和传承。乡村文学是乡村文化认同的重要纽带，它增强了农民对乡村文化的认同感和自豪感。乡村文学也是乡村文化创新的重要源泉，它不断吸收新的文化元素和创作手法，为乡村文化的繁荣发展注入新的活力。

5. 乡村文学与现代农业经济管理的结合

在现代农业经济管理实践中，乡村文学也可以发挥重要作用。它可以通过文学作品的宣传和推广，提升乡村的知名度和美誉度，吸引更多的外部投资和旅游资源。乡村文学可以作为乡村文化品牌的重要支撑，推动乡村特色产业的发展和升级。乡村文学还可以作为乡村社会治理的重要工具，通过文学作品的引导和教化作用，提升农民的道德素质和社会责任感。

乡村文学作为乡村文化的重要构成部分，不仅承载着乡村的历史记忆和文化传统，也展现着乡村生活的魅力和农民的精神追求。在现代农业经济管理实践中，应该充分重视乡村文学的价值和作用，将其与现代管理理念和方法相结合，推动乡村文化的传承与创新发展。同时也应该积极引导和培育乡村文学的创作人才和读者群体，为乡村社会的全面发展注入新的文化动力。

（五）乡村饮食

饮食，作为人类生存和发展的基石，不仅滋养着人类身体，也塑造着人类文化。在乡村，饮食文化独具特色，以粮食为主食，搭配动植物制品，形成了丰富多样的饮食方式。主食的选择依据当地种植的作物，如稻米或小麦，以及高粱、玉米等杂粮。菜肴则因地域差异而各具特色，从北方的野味到广东的蛇宴，再到东部沿海的海鲜，无不展现出地域的丰富性和多样性。

乡村的饮料文化中，茶和酒占有重要地位。茶，作为国饮，不仅解渴解乏，更是放松心灵的良伴。酒，则是社交和庆祝的佳品，黄酒和白酒等名酒，承载着深厚的文化底蕴。

乡村饮食中还蕴含着丰富的信仰和禁忌。如春节期间"忌生"风俗，人们认为熟的食物象征顺利，而生食则可能带来不祥。这种习俗不仅体现了对食物的尊重，也反映了乡村人民对美好生活的祈愿。

总之，乡村的饮食文化丰富多彩，不仅滋养着人们的身体，也承载着深厚的文化意义。

（六）乡村建筑

乡村建筑作为乡村文化的重要组成部分，承载着丰富的历史、文化和美学价值。乡村建筑不仅是乡村居民生产生活的物质基础，也是乡村历史文化的见证和传承。

1. 乡村建筑的类型与特征

(1) 传统民居

传统民居是乡村建筑的核心，具有浓厚的地域特色和历史文化内涵。不同地区的传统民居在建筑材料、结构形式、装饰风格等方面各具特色。例如：

①北方窑洞：以黄土高原地区为代表，窑洞利用黄土高原的地理特点，形成了冬暖夏凉的独特居住环境。

②江南水乡民居：以江浙一带为代表，江南水乡民居多为砖木结构，临水而建，形成了"小桥流水人家"的美丽景观。

③南方土楼：以福建客家土楼为代表，土楼多为圆形或方形的多层建筑，具有防御功能，体现了客家人的聚族而居的生活方式。

(2) 公共建筑

乡村中的公共建筑，如祠堂、庙宇、学校、村委会等，是乡村社会的重要组成部分。这些公共建筑不仅具有实用功能，还承载着丰富的文化内涵和历史记忆。例如：

①祠堂：祠堂是家族宗祠，是族人祭祀祖先、举办家族活动的场所，体现了宗族文化和孝道传统。

②庙宇：庙宇是乡村居民祭祀神灵、祈福纳祥的场所，反映了乡村的宗教信仰和民间信仰文化。

(3) 农业建筑

农业建筑包括粮仓、牲畜棚、农具房等，是乡村生产生活的重要组成部分。农业建筑的设计和布局，直接关系到农业生产的效率和农产品的储存。例如：

①粮仓：粮仓是储存粮食的建筑，设计上要防潮、防虫、防鼠，确保粮食的安全储存。

②牲畜棚：牲畜棚是养殖牲畜的场所，设计上要考虑通风、采光和清洁等因素，确保牲畜的健康生长。

2. 乡村建筑的文化内涵

(1) 地域文化的体现

乡村建筑深受地域文化的影响，不同地域的建筑风格反映了当地的自然环境、生活习俗和文化传统。乡村建筑通过材料选择、结构形式和装饰图案等，表现出浓郁的地域文化特色。

(2) 生活智慧的结晶

乡村建筑是乡村居民生活智慧的结晶，通过因地制宜的建筑设计和施工技术，解决了生活中的实际问题。例如窑洞的设计利用黄土的特性，形成了独特的居住环境；江南水乡民居的"水阁"结构，有效利用了水资源，形成了美丽的水乡风貌。

(3) 历史记忆的见证

乡村建筑是乡村历史记忆的见证，通过建筑风格和布局的变化，记录了乡村发展的历史进程。许多古老的建筑，如古村落、古桥梁、古井等，都是宝贵的历史遗产，反映了乡村的历史变迁和文化积淀。

3. 乡村建筑的美学价值

(1) 建筑美学的多样性

乡村建筑在美学上具有多样性，不同地区的建筑风格各具特色，形成了丰富多彩的建筑美学。例如北方窑洞的厚重与稳健、江南水乡民居的雅致与灵动、南方土楼的宏伟与坚固，都展示了乡村建筑的美学价值。

(2) 空间布局的和谐美

乡村建筑的空间布局注重和谐美，建筑与自然环境相互融合，形成了独特的乡村景观。传统村落的布局通常依山傍水，因地制宜，形成了自然与人文的和谐统一。例如徽派建筑的庭院布局、四合院的围合空间，都体现了中国传统建筑的空间美学。

(3) 装饰艺术的精美

乡村建筑的装饰艺术丰富多彩，雕刻、彩绘、泥塑等装饰手法展示了乡村居民的艺术创造力。例如木雕、石雕、砖雕在传统民居中的应用，不仅美化了建筑，还赋予了建筑文化内涵和艺术价值。

4. 乡村建筑的保护与传承

(1) 保护措施的实施

乡村建筑的保护需要系统的保护措施，包括法律法规的制定、保护规划的编制、保护资金的投入等。通过法律法规的制定，明确保护对象和保护责任；通过保护规划的编制，系统规划和指导保护工作；通过保护资金的投入，确保保护措施的实施。

(2) 传承方式的创新

乡村建筑的传承需要创新传承方式，包括文化遗产的活化利用、现代技术的应用、教育宣传的加强等。通过文化遗产的活化利用，将传统建筑与现代生活结合，增强其生命力；通过现代技术的应用，提高建筑保护和修复的科学性和有效性；通过教育宣传的加强，提高公众的保护意识和参与积极性。

（3）社区参与的重要性

乡村建筑的保护与传承需要社区的广泛参与，社区居民是建筑保护的直接受益者和参与者。通过社区参与，可以凝聚共识，形成合力，共同推动乡村建筑的保护与传承。社区参与的方式包括成立社区保护组织、开展社区教育活动、组织社区保护行动等。

乡村建筑是乡村文化的重要组成部分，承载着丰富的历史、文化和美学价值。乡村建筑通过其类型与特征、文化内涵、建筑美学，展示了乡村独特的文化魅力。乡村建筑的保护与传承需要系统的保护措施、创新的传承方式和社区的广泛参与。通过多方努力，乡村建筑不仅能得到有效保护和传承，还能在新时代焕发出新的生命力，为乡村振兴和文化传承提供重要支撑。

（七）乡村歌舞

乡村歌舞，作为乡村文化的重要表现形式，承载着乡村社会的历史记忆、生活情感和价值观念。它以独特的艺术手法和生动的表演，展现了乡村的风土人情、自然景观以及农民的精神风貌和审美情趣。乡村歌舞不仅是乡村文化的瑰宝，也是连接乡村与城市、传统与现代的重要桥梁。

1. 乡村歌舞的历史渊源

乡村歌舞的历史可以追溯到古代，那时农民在田间地头、节日庆典中，常以歌舞形式表达对生活的热爱和对丰收的喜悦。随着时代的发展，乡村歌舞逐渐丰富多样，从简单的民间小调到复杂的戏曲表演，都留下了深刻的乡村印记。这些歌舞作品不仅记录了乡村的历史变迁，也传承了乡村的文化基因。

2. 乡村歌舞的主题与内容

乡村歌舞的主题丰富多样，既包括农民的生活琐事、家庭情感，也包括乡村的自然风光、民俗传统。它通过生动的表演和欢快的节奏，展现了乡村生活的真实面貌和农民的内心世界。乡村歌舞也关注乡村社会的现实问题，如劳动生产、婚恋家庭等，通过歌舞的力量传递社会价值观和道德规范。

3. 乡村歌舞的艺术特色

乡村歌舞以其独特的艺术特色而著称，它善于运用乡土语言和地方音调，使作品充满浓郁的地方色彩和亲切感。它也注重舞蹈动作的编排和舞台效果的营造，使观众能够身临其境地感受乡村歌舞的魅力和农民的欢乐。乡村歌舞还常常融入民间传说、神话故事等元素，增添了作品的神秘感和趣味性。

4. 乡村歌舞在乡村文化传承中的作用

乡村歌舞在乡村文化传承中发挥着重要作用，它是乡村历史记忆的重要载体，通过歌舞的表演和传唱，乡村的历史和传统得以延续和传承。乡村歌舞是乡村文化认同的重要纽带，它增强了农民对乡村文化的认同感和自豪感。乡村歌舞也是乡村文化创新的重要源泉，它不断吸收新的文化元素和表演手法，为乡村文化的繁荣发展注入新的活力。

5. 乡村歌舞与现代农业经济管理的结合

在现代农业经济管理实践中，乡村歌舞也可以发挥重要作用。它可以通过歌舞表演的宣传和推广，提升乡村的知名度和美誉度，吸引更多的外部投资和旅游资源。乡村歌舞可以作为乡村文化品牌的重要支撑，推动乡村特色产业的发展和升级。例如可以举办乡村歌舞节、文化节等活动，吸引游客前来观赏和参与，从而带动乡村旅游和相关产业的发展。乡村歌舞还可以作为乡村社会治理的重要工具，通过歌舞表演的传播和教化作用，提升农民的道德素质和社会责任感。

乡村歌舞作为乡村文化的重要构成部分，不仅承载着乡村的历史记忆和文化传统，也展现着乡村生活的魅力和农民的精神风貌。在现代农业经济管理实践中，应该充分重视乡村歌舞的价值和作用，将其与现代管理理念和方法相结合，推动乡村文化的传承与创新发展。同时也应该积极引导和培育乡村歌舞的创作人才和表演团队，为乡村社会的全面发展注入新的文化动力。

（八）乡村工艺美术

乡村工艺美术作为乡村文化的重要组成部分，具有独特的地域特色和文化内涵。它不仅是乡村居民日常生活的一部分，更是乡村文化传承和发展的重要载体。乡村工艺美术包括刺绣、剪纸、编织、陶艺、木雕等，这些工艺品不仅体现了乡村的生活智慧和艺术创造力，还展示了乡村的文化传承和美学价值。

1. 刺绣

（1）技艺传承

刺绣是乡村工艺美术中历史悠久且广受喜爱的技艺之一，乡村妇女通过针线在布料上刺绣出各种图案和花纹，这些刺绣品不仅美观，还具有实用价值。刺绣技艺通常通过家庭传承，从母亲传给女儿，代代相传，成为家庭文化的一部分。

(2) 文化内涵

刺绣图案丰富多样，包括花鸟虫鱼、山水风景、吉祥图案等，每一个图案都蕴含着丰富的文化内涵和寓意。例如绣花布上的"龙凤呈祥"寓意吉祥如意，"鱼跃龙门"象征着追求进步和成功。

(3) 经济价值

现代乡村振兴过程中，刺绣不仅是文化传承的重要内容，还成为了经济发展的新途径。通过发展刺绣产业，许多乡村建立了刺绣合作社和刺绣工坊，带动了乡村经济发展，增加了农民收入。

2. 剪纸

(1) 艺术特色

剪纸是乡村工艺美术中极具代表性的艺术形式，乡村居民通过剪刀和红纸，剪出各种精美的图案和造型，广泛应用于节庆装饰和生活美化。剪纸图案生动、线条流畅，具有强烈的艺术表现力和装饰效果。

(2) 节庆习俗

剪纸在乡村节庆习俗中占有重要地位。春节、元宵节、婚嫁等重要节日，乡村居民会剪出各种吉祥图案，用来装饰窗户、门楣、灯笼等，营造出喜庆热闹的氛围。剪纸不仅是装饰品，更是节日文化的重要组成部分。

(3) 文化传播

剪纸艺术的传承和发展，对于乡村文化的传播具有重要意义。通过举办剪纸展览、剪纸比赛和剪纸培训班，剪纸技艺得到广泛传播和弘扬，增强了乡村文化的影响力和认同感。

3. 编织

(1) 日常用品

编织技艺在乡村生活中广泛应用，编织品包括草帽、竹篮、筐篓、草鞋等，都是乡村居民日常生活中必不可少的用品。这些编织品不仅实用耐用，还具有独特的美学价值，体现了乡村生活的简朴与智慧。

(2) 技艺传承

编织技艺通常在家庭和社区中传承，老一辈将技艺传授给年轻一代，使这种传统技艺得以延续和发展。编织不仅是一项生活技能，更是一种文化传承，凝聚了乡村居民的智慧和劳动结晶。

(3) 产业发展

随着乡村振兴战略的实施，编织技艺逐渐成为乡村经济发展的新亮点。许多乡村通过发展编织产业，生产具有地方特色的编织工艺品，吸引了大量游客和消费者，促进了乡村经济的发展和农民收入的增加。

4. 陶艺

(1) 历史渊源

陶艺是乡村工艺美术中历史悠久的一项技艺，许多乡村都有制作陶器的传统。陶艺品包括陶罐、陶碗、陶壶、陶雕等，这些陶艺品不仅用于日常生活，还具有艺术收藏价值。

(2) 制作技艺

陶艺制作技艺包括制坯、雕刻、烧制等工序，每一道工序都需要精湛的技艺和丰富的经验。陶艺匠人通过灵巧的双手和敏锐的艺术感觉，将泥土变成一件件精美的艺术品，展示了乡村居民的艺术创造力。

(3) 文化交流

陶艺不仅是乡村文化的重要组成部分，还成为了乡村与外界文化交流的重要桥梁。通过举办陶艺展览、陶艺体验等活动，乡村陶艺得到了广泛传播和弘扬，增强了乡村文化的影响力和吸引力。

5. 木雕

(1) 艺术表现

木雕是乡村工艺美术中具有独特艺术表现力的一种技艺，乡村木雕匠人通过雕刻刀在木材上雕刻出各种图案和造型，木雕作品包括家具、摆件、建筑装饰等，具有很高的艺术价值和装饰效果。

(2) 文化内涵

木雕作品中常常融入丰富的文化内涵和寓意，如龙凤呈祥、福禄寿喜、花鸟虫鱼等图案，不仅美观，还承载了乡村居民的文化信仰和美好愿望。木雕艺术体现了乡村居民的艺术创造力和对美好生活的向往。

(3) 经济效益

木雕产业在乡村经济发展中发挥了重要作用。通过发展木雕产业，许多乡村建立了木雕作坊和木雕合作社，生产具有地方特色的木雕工艺品，吸引了大量游客和消费者，带动了乡村经济发展，增加了农民收入。

乡村工艺美术作为乡村文化的重要组成部分，具有独特的艺术价值和文化内涵。刺绣、剪纸、编织、陶艺、木雕等工艺美术，不仅丰富了乡村居民的精神生活，展示了乡村居民的艺术创造力和文化智慧，还为乡村经济发展提供了新的动力。通过保护和传承乡村工艺美术，挖掘其文化价值和经济潜力，可以实现乡村文化的繁荣发展，助力乡村振兴战略的全面实施。未来需要政府、社会和社区的共同努力，通过政策支持、教育培训、文化传播等多种方式，推动乡村工艺美术的传承与创新，为乡村文化和经济的双重振兴提供有力保障。

第二节 传统文化与现代农业经济发展的结合

在乡村振兴战略的大背景下，传统文化与现代农业经济发展的结合成为了推动乡村全面振兴的重要路径。这一结合不仅有助于保护和传承乡村的宝贵文化遗产，还能为现代农业经济的发展注入新的活力和动力。本节将重点探讨传统文化与现代农业经济发展的结合点，特别是如何高度重视开发农业经济，以实现乡村文化的传承与经济的繁荣发展。

一、传统文化与现代农业经济发展的结合点

（一）高度重视开发农业经济

1. 农业经济的战略地位

农业经济是乡村经济的基石，也是传统文化的重要载体。在乡村振兴战略中，高度重视开发农业经济具有深远的战略意义。农业经济的发展不仅关乎农民的收入和生活水平，还直接关系到乡村的稳定和繁荣。将传统文化与现代农业经济发展相结合，通过开发农业经济，可以推动乡村经济的多元化和可持续发展。

2. 传统文化的经济价值

传统文化蕴含着丰富的经济资源，如独特的农耕技术、乡村手工艺、民间食品等。这些文化资源具有巨大的经济开发潜力。通过挖掘和传承传统文化，可以将其转化为经济优势，推动乡村特色产业的发展。例如利用传统的农耕技术和手工艺，开发具有地方特色的农产品和手工艺品，可以满足市场对高品质、有文化内涵产品的需求。

3. 农业经济与文化传承的互动

农业经济的发展与乡村文化的传承是相互依存、相互促进的。一方面，农业

经济的发展为乡村文化的传承提供了物质基础和动力。随着农业经济的繁荣，农民的生活水平提高，他们更有意愿和能力去保护和传承乡村文化；另一方面，乡村文化的传承也为农业经济的发展提供了独特的文化资源和品牌优势。通过传承和弘扬乡村文化，可以提升农产品的文化附加值，增强市场竞争力。

4. 创新农业经济发展模式

在传统文化与现代农业经济发展的结合中，需要创新农业经济发展模式。这包括推动农业产业化、品牌化、生态化发展，以及发展乡村旅游、休闲农业等新兴产业。通过这些创新模式，可以将传统文化元素融入现代农业经济中，形成具有地方特色的农业产业链和价值链。例如可以依托乡村的自然景观和传统文化资源，发展乡村旅游和休闲农业，吸引游客前来体验乡村生活和文化，从而带动乡村经济的发展。

5. 政策支持与社会参与

要实现传统文化与现代农业经济发展的有效结合，需要政府、企业和社会各界的共同参与和支持。政府可以制定相关政策和规划，引导和支持乡村文化的传承和农业经济的发展。企业可以投资乡村产业和文化项目，推动乡村经济的多元化和市场化。社会各界可以积极参与乡村文化传承和农业经济发展的活动，形成全社会共同关注和支持乡村振兴的良好氛围。

（二）提倡勤俭节约

1. 提高资源利用效率

（1）节约土地资源

土地是农业生产的基础资源，节约和高效利用土地资源对于农业可持续发展至关重要。通过推广高效种植技术和合理的土地利用规划，可以提高土地的利用率，避免土地资源的浪费。例如推广立体种植、轮作休耕等技术，可以实现一地多用，提高土地的生产效益。

（2）节约水资源

水资源是农业生产中不可或缺的要素。通过节水灌溉技术的推广和应用，可以有效节约水资源，降低农业生产成本。例如滴灌、喷灌等高效节水灌溉技术，可以减少水资源的浪费，提高水资源的利用效率。

（3）节约能源资源

现代农业生产离不开机械化和能源的投入。通过推广使用节能设备和新能源，可以减少传统能源的消耗，降低农业生产对环境的负面影响。例如推广太阳能、水能等可再生能源的应用，可以实现农业生产的绿色发展。

2. 减少生产成本

（1）科学施肥

肥料是农业生产中的重要投入品，但过量使用不仅增加了生产成本，还对环境造成污染。通过推广科学施肥技术，如测土配方施肥、精准施肥等，可以提高肥料的利用率，减少肥料的使用量，从而降低生产成本。

（2）合理用药

农药的合理使用也是减少生产成本的重要环节。通过推广生物防治、物理防治等绿色防控技术，减少化学农药的使用量，可以有效降低生产成本，提高农产品的质量和安全性。

（3）提高劳动效率

通过推广农业机械化和自动化技术，提高劳动效率，减少人力成本。例如使用现代化的播种机、收割机、植保无人机等，可以大大提高农业生产的效率，降低劳动力成本，促进农业生产的规模化和集约化。

3. 推动循环经济

（1）农林牧渔结合

通过发展农林牧渔结合的循环农业模式，可以实现资源的综合利用，减少农业生产中的废弃物和污染物。例如农作物秸秆可以用来养畜禽，畜禽粪便可以用来还田肥田，实现农业生产的循环利用。

（2）农业废弃物利用

农业生产中产生的废弃物，如秸秆、畜禽粪便等，通过科学处理和再利用，可以转化为有价值的资源。例如通过秸秆还田、沼气发电、畜禽粪便堆肥等技术，可以将废弃物转化为有机肥料和能源，实现资源的循环利用。

（3）发展生态农业

生态农业是实现农业可持续发展的重要途径。通过发展生态农业，减少化肥、农药的使用，保护土壤和水资源，改善农业生态环境，实现农业生产的绿色发展。例如通过发展有机农业、生态农庄等模式，可以提高农业生产的生态效益和经济效益。

4. 发扬勤俭节约的传统美德

（1）倡导简约生活

在乡村社会中，倡导简约生活、节俭消费的生活方式，可以减少资源的浪费，提高生活质量。例如通过开展勤俭节约教育活动，宣传简约生活的理念，树立节俭消费的风尚，营造勤俭节约的社会氛围。

（2）传承勤俭家风

家庭是社会的基本单元，传承勤俭家风是发扬勤俭节约传统美德的重要途径。通过家庭教育，传授勤俭节约的价值观念和生活习惯，使勤俭节约成为家庭成员的自觉行为，形成良好的家庭风尚。

（3）加强宣传教育

通过多种形式的宣传教育活动，普及勤俭节约的知识和技能，提高广大农民的节俭意识和能力。例如通过举办节约资源专题讲座、宣传勤俭节约的典型事例、开展节约资源知识竞赛等活动，增强农民的节约意识，推动勤俭节约风尚的形成。

提倡勤俭节约是传统文化与现代农业经济发展的重要结合点，通过提高资源利用效率、减少生产成本、推动循环经济、发扬勤俭节约的传统美德，可以实现农业生产的可持续发展，提高农业经济效益，促进乡村振兴。勤俭节约不仅是对传统美德的继承和发扬，更是现代农业经济发展中必须坚持的重要原则。在乡村振兴战略背景下，需要政府、社会和农民的共同努力，通过政策引导、技术推广、宣传教育等多种方式，推动勤俭节约理念的深入人心，形成勤俭节约的社会风尚，实现农业经济与乡村文化的双重发展。

（三）坚持忠诚守信的处事准则

在乡村振兴战略背景下，坚持忠诚守信的处事准则对于促进传统文化与现代农业经济发展的结合具有深远的意义。忠诚守信不仅是乡村社会的基本道德规范，也是现代农业经济管理的重要原则。这一准则在乡村文化传承与经济发展中发挥着桥梁和纽带的作用，为乡村社会的全面振兴提供了有力的道德支撑。

1. 忠诚守信在乡村文化传承中的体现

忠诚守信作为乡村社会的基本道德规范，深深植根于乡村文化的土壤之中。在乡村社会中，人们注重信誉、讲究诚信，这种传统的处事准则在乡村文化传承中得到了充分的体现。无论是乡村的家族观念、邻里关系，还是乡村的民俗传统、民间信仰，都蕴含着忠诚守信的精神内涵。这种精神内涵不仅塑造了乡村社会的道德风貌，也为乡村文化的传承提供了强大的道德力量。

2. 忠诚守信在现代农业经济管理中的价值

在现代农业经济管理中，忠诚守信同样具有重要的价值。忠诚守信是现代农业经济管理的基石。在农业生产过程中，农民需要遵守合同、履行承诺，以保证农业生产的顺利进行。农业企业也需要坚守诚信原则，确保农产品的质量和安全，以维护消费者的权益。忠诚守信有助于构建良好的农业市场环境。在农业市场中，坚守诚信原则可以减少市场欺诈行为，维护市场秩序，促进公平竞争。忠诚守信还可以提升农业品牌的信誉度。一个坚守诚信原则的农业品牌更容易获得消费者的信任和认可，从而在市场上取得更大的成功。

3. 忠诚守信促进传统文化与现代农业经济发展的结合

忠诚守信作为乡村社会的基本道德规范和现代农业经济管理的重要原则，为促进传统文化与现代农业经济发展的结合提供了有力的道德支撑。忠诚守信有助于传承和弘扬乡村文化。通过坚守诚信原则，农民和农业企业可以更好地保护和传承乡村的传统文化资源，如农耕技术、乡村手工艺等。这些文化资源的传承和弘扬不仅可以丰富乡村的文化内涵，还可以为现代农业经济的发展提供独特的文化支撑。忠诚守信有助于推动现代农业经济的创新发展。在坚守诚信原则的基础上，农民和农业企业可以更加积极地探索和创新现代农业经济的管理模式、生产技术和市场策略。这种创新不仅可以提升农业经济的竞争力，还可以为乡村社会的全面振兴注入新的活力。

（四）和谐互补的价值观

和谐互补的价值观是中华传统文化的重要组成部分，它强调人与自然、人与人之间的和谐共生与互助合作。在现代农业经济发展过程中，践行和谐互补的价值观不仅能够促进农业经济的可持续发展，还能推动乡村社会的和谐稳定，提升农民的生活质量和幸福感。

1. 人与自然和谐

（1）生态农业

生态农业是实现人与自然和谐的重要途径，通过发展生态农业，减少化肥、农药的使用，保护土壤和水资源，维护生态平衡，实现农业生产的绿色发展。例如推广有机农业、无公害农业等生产模式，采用生物防治、物理防治等绿色防控技术，可以减少对环境的污染，保护自然生态环境。

（2）环境保护

在农业生产过程中，环境保护是实现人与自然和谐的关键。通过实施农田水利工程、植树造林、荒地治理等措施，改善农业生态环境，提高农业生产的可持续性。例如建设农田防护林、开展水土保持工程，可以防止水土流失，提高土地的生产能力和生态功能。

（3）资源节约

合理利用农业资源，节约资源，是实现人与自然和谐的重要方面。通过推广节水灌溉、节能设备、循环利用等技术，提高资源利用效率，减少资源浪费。例如采用滴灌、喷灌等节水灌溉技术，可以减少水资源的浪费，提高水资源的利用效率。

2. 社区互助合作

（1）农民合作社

农民合作社是实现社区互助合作的重要组织形式，通过组建农民合作社，农民可以共同参与农业生产经营，共享资源和收益，提高农业生产效率和市场竞争力。例如合作社可以统一采购生产资料、统一销售农产品，降低生产成本，提高产品附加值，增强市场竞争力。

（2）互助基金

建立互助基金是社区互助合作的重要机制。通过设立互助基金，农民可以在遇到自然灾害、疾病等突发事件时，得到及时的经济援助，减轻生活压力，提高抗风险能力。例如社区可以设立互助基金，用于帮助贫困农户、受灾农户，提供紧急救助和扶持。

（3）志愿服务

志愿服务是社区互助合作的重要形式，通过开展志愿服务活动，社区成员可以互帮互助，共同解决生产生活中的困难，增强社区的凝聚力和向心力。例如组织农业技术志愿服务队，帮助农民解决生产技术难题；组织医疗志愿服务队，为农村居民提供医疗服务，提升社区的健康水平。

3. 家庭和睦共处

（1）家庭经营

家庭经营是农业生产的重要方式。通过家庭成员的共同努力，实现农业生产的高效运行和经济收入的增加。例如家庭成员可以分工合作，共同参与农业生产经营，提高生产效率和经济效益。

（2）家庭教育

家庭教育是家庭和睦共处的重要内容。通过良好的家庭教育，培养家庭成员的良好品德和行为习惯，促进家庭和睦，提高生活质量。例如教育子女尊老爱幼、勤俭节约、诚实守信，增强家庭成员的责任感和家庭凝聚力。

（3）家庭支持

家庭支持是家庭和睦共处的重要保障。通过家庭成员之间的互相支持和帮助，可以解决生产生活中的困难，增强家庭的稳定性和幸福感。例如家庭成员在生产过程中互相帮助，在生活中互相关心，提高家庭的整体幸福指数。

4. 多元文化共存

（1）文化融合

在现代农业经济发展中，文化融合是实现多元文化共存的重要途径。通过尊重和包容不同文化，促进文化的交流和融合，增强文化的多样性和创新力。例如推广不同地区的农业技术和管理经验，借鉴和融合先进的农业生产模式，提高农业生产水平。

（2）文化传承

文化传承是多元文化共存的重要内容，通过保护和传承传统文化，保持文化的多样性和连续性，增强文化的认同感和归属感。例如保护传统的农耕文化、民俗活动、手工艺等文化遗产，推动文化的传承和发展。

（3）文化创新

文化创新是多元文化共存的重要动力。通过创新文化内容和形式，提升文化的吸引力和影响力，推动文化的繁荣和发展。例如结合现代科技和艺术形式，创新传统的农业节庆活动、文化产品、文艺作品，增强文化的生命力和吸引力。

和谐互补的价值观在现代农业经济发展中具有重要作用，通过实现人与自然的和谐、社区的互助合作、家庭的和睦共处以及多元文化的共存，可以推动农业经济的可持续发展，促进乡村社会的和谐稳定，提升农民的生活质量和幸福感。在乡村振兴战略背景下，需要政府、社会和农民的共同努力，通过政策引导、技术推广、教育培训等多种方式，践行和弘扬和谐互补的价值观，实现农业经济与乡村文化的双重发展，为乡村振兴提供强大的文化动力和经济保障。

（五）更加关注人际关系交往

在乡村振兴战略的背景下，农业经济管理与乡村文化传承的结合需要更加关注人际关系交往。乡村社会是一个充满人情味的社会，人际关系交往在乡村文化传承与现代农业经济发展中起着举足轻重的作用。通过关注人际关系交往，可以促进乡村社会的和谐稳定，推动乡村文化的传承与创新，同时为现代农业经济的发展创造良好的社会环境。

1. 人际关系交往在乡村文化传承中的重要性

乡村文化是在长期的历史发展过程中形成的，它蕴含着乡村社会的价值观念、道德规范、生活方式等。这些文化元素通过人际关系交往得以传承和弘扬。在乡村社会中，人们通过亲朋好友、邻里乡亲之间的交往，传递着乡村文化的精髓。例如乡村的节庆活动、民俗传统等，都是通过人际关系交往得以保存和延续的。关注人际关系交往对于乡村文化的传承具有重要意义。

2. 人际关系交往对现代农业经济发展的影响

现代农业经济的发展离不开良好的社会环境，而人际关系交往正是塑造这一环境的关键因素。在乡村社会中，农民之间的合作与互助是农业生产顺利进行的重要保障。通过人际关系交往，农民可以共享资源、交流经验、解决生产中的难题，从而提高农业生产的效率和质量。良好的人际关系交往还可以促进农业市场的拓展和农产品的销售。农民通过社交网络建立起的信任关系，有助于农产品的品牌建设和市场推广。

3. 结合点：以人际关系交往为纽带

传统文化与现代农业经济发展的结合点在于以人际关系交往为纽带，一方面，通过弘扬乡村文化中的社交传统和道德观念，可以强化农民之间的互助合作精神，为现代农业经济的发展提供强大的社会支持；另一方面，现代农业经济的发展也可以为乡村文化的传承提供更多的物质基础和动力。例如通过发展乡村旅游、休闲农业等新兴产业，可以吸引更多游客前来体验乡村生活和文化，从而推动乡村文化的传播和创新。

随着乡村振兴战略的不断深入和现代农业经济的持续发展，以人际关系交往为纽带的传统文化与现代农业经济发展的结合将更加紧密。通过关注人际关系交往，可以更好地推动乡村文化的传承与创新，同时为现代农业经济的发展注入更多的活力和动力，将有助于实现乡村社会的全面振兴和可持续发展。

二、传统文化视野下现代农业经济发展的途径

在传统文化的视野下，现代农业经济的发展不仅要依靠科技进步和产业创

新，还要融入传统文化的智慧和价值观，走出一条具有文化内涵的可持续发展之路。以下从传承农耕文化、发展生态农业、推动乡村旅游、促进文化创意产业和加强社区合作五个方面，探讨传统文化视野下现代农业经济发展的途径。

（一）传承农耕文化

1. 保护农耕遗产

农耕文化是中华民族的重要文化遗产，保护和传承农耕文化是农业经济发展的重要任务。通过建立农耕文化保护区、农耕文化博物馆等，保存传统农耕工具、农作物品种和农耕技艺，传承和弘扬农耕文化。例如江西省婺源县建立了"婺源农耕文化博物馆"，展示传统农耕工具和技艺，传承农耕文化。

2. 开展农耕文化教育

在现代农业发展中，农耕文化教育具有重要意义。通过在学校和社区中开展农耕文化课程和活动，让年轻一代了解和传承农耕文化的精髓。例如浙江省的一些学校开设了"农耕文化课"，通过实践活动和课堂教学，让学生们亲身体验传统农耕技艺。

3. 举办农耕文化节庆

通过举办农耕文化节庆活动，展示传统农耕文化，增强文化认同感和凝聚力。例如贵州省雷山县每年举办的"苗族农耕文化节"，通过农耕比赛、民俗表演和文化展览，展示苗族丰富的农耕文化遗产。

（二）发展生态农业

1. 推广有机农业

有机农业是生态农业的重要形式，通过不使用化学合成的农药、化肥和转基因技术，保护土壤和水资源，实现农业的可持续发展。例如山东省平度市大力推广有机农业，发展有机蔬菜、有机水果等，既保护了生态环境，又提高了农产品的附加值。

2. 推动生态循环农业

生态循环农业是实现资源高效利用和环境保护的重要途径。通过农牧结合、种养结合等模式，实现资源的循环利用。例如浙江省安吉县推广"稻—鸭—鱼"生态循环农业模式，通过稻田养鸭、鸭粪肥田、鱼虾除草，实现农业生态系统的良性循环。

3. 发展生态农庄

生态农庄是现代农业与生态旅游相结合的一种新型农业经营模式。通过生态种植、生态养殖和休闲旅游，提升农业经济效益和生态效益。例如云南省昆明市的"七彩云南·古滇名城"生态农庄，通过生态种植、生态养殖和乡村旅游，吸引了大量游客，带动了当地经济发展。

（三）推动乡村旅游

1. 开发农家乐

农家乐是乡村旅游的重要形式，通过提供农家住宿、农家饭菜和农业体验，吸引城市游客，增加农民收入。例如四川省成都市郫都区的"农科村"，通过发展农家乐，提供农业观光、农事体验和农家美食，成为了乡村旅游的热门目的地。

2. 打造乡村文化旅游

乡村文化旅游是乡村旅游的高端形式，通过整合乡村的自然景观、历史文化和民俗活动，打造独具特色的旅游品牌。例如福建省永泰县的"永泰古城"，通过保护和修缮古城建筑，举办传统民俗活动，发展乡村文化旅游，吸引了大量游客。

3. 发展休闲农业

休闲农业是集农业生产、休闲旅游和科普教育为一体的综合性产业。通过发展休闲农业，提升农业附加值，增加农民收入。例如江苏省苏州市的"阳澄湖休闲农业园"，通过发展采摘园、观光园和农业体验园，吸引了大量游客，促进了农业与旅游的融合发展。

（四）促进文化创意产业

1. 发展农产品加工业

农产品加工业是文化创意产业的重要组成部分，通过深加工和精加工，提高农产品的附加值。例如湖南省益阳市的大米加工企业，通过开发大米礼盒、米酒、米糠油等特色产品，提高了大米的附加值，促进了农产品加工业的发展。

2. 开发农产品品牌

农产品品牌是文化创意产业的重要内容，通过品牌建设，提升农产品的市场竞争力和附加值。例如广西壮族自治区的"百色芒果"，通过品牌建设和市场推广，成为了国内外知名的农产品品牌，带动了当地农业经济的发展。

3. 打造农文旅融合产品

通过融合农业、文化和旅游，开发独具特色的农文旅产品，提升农业经济效益。例如陕西省杨凌示范区的"杨凌农科城"，通过举办农业科技博览会、农产品展示交易会和农业科技培训班，打造了农文旅融合的特色品牌，吸引了大量游客和投资者。

（五）加强社区合作

1. 组建农民合作社

农民合作社是实现社区合作的重要组织形式，通过组建农民合作社，农民可以共同参与农业生产经营，共享资源和收益。例如河北省曲阳县的"曲阳农民合作社"，通过统一采购生产资料、统一销售农产品，降低了生产成本，提高了产品附加值。

2. 发展社区支持农业

社区支持农业是社区合作的重要模式，通过社区居民与农民直接合作，共同分享农业生产的风险和收益。例如北京市的"社区支持农业项目"，通过居民预购农产品、参与农业生产活动，增强了社区居民与农民的互动和信任，促进了社区的和谐发展。

3. 推广互助经济

互助经济是社区合作的重要形式，通过互助经济，社区成员可以互帮互助，共同解决生产生活中的困难。例如山东省潍坊市的"潍坊互助经济合作社"，通过设立互助基金、开展互助服务，帮助社区成员解决资金困难、技术难题，促进了社区的共同发展。

在传统文化的视野下，现代农业经济发展的途径丰富多样。通过传承农耕文化、发展生态农业、推动乡村旅游、促进文化创意产业和加强社区合作，可以实现农业经济的可持续发展，提升乡村社会的和谐稳定，增加农民的收入和幸福感。传统文化与现代农业经济的结合，不仅是文化传承和经济发展的双重要求，更是实现乡村振兴的重要路径。未来需要政府、社会和农民的共同努力，通过政策引导、技术推广、教育培训等多种方式，推动传统文化与现代农业经济的深度融合，实现农业经济与乡村文化的双重振兴。

第三节 农村文化创意产业与农村经济发展的互动

一、农村文化创意产业概述

在乡村振兴战略的大背景下，农村文化创意产业作为推动农村经济发展的新兴力量，正日益受到社会各界的广泛关注。农村文化创意产业不仅丰富了乡村文化的内涵，还为农村经济的转型升级提供了新的路径。本节将深入探讨农村文化创意产业的内涵、特征、发展现状及其对农村经济发展的重要作用。

（一）农村文化创意产业的内涵

农村文化创意产业是指在农村地区，依托丰富的自然资源和深厚的文化底蕴，以创意为核心，运用现代科技手段，对传统文化资源进行挖掘、整合、创新，开发出具有市场竞争力的文化产品和服务的新兴产业。这一产业涵盖了创意设计、文化艺术、传媒娱乐、文化旅游等多个领域，旨在通过创意的力量激活农村资源，促进农村经济的多元化发展。

（二）农村文化创意产业的特征

（1）地域性与文化性：农村文化创意产业紧密依托乡村地区的自然环境和人文资源，具有鲜明的地域特色和文化烙印。这种地域性和文化性不仅赋予了文化产品独特的魅力，还增强了产品的市场竞争力。

（2）创意性与创新性：创意是农村文化创意产业的核心驱动力。通过创意设计、艺术加工等手段，将传统文化元素与现代审美理念相结合，创造出具有新意的文化产品和服务，满足消费者多样化的需求。

（3）融合性与带动性：农村文化创意产业具有较强的融合性，能够与其他产业如农业、旅游业等深度融合，形成新的产业链和价值链。该产业的发展还能带动相关配套产业的兴起，促进农村经济的全面发展。

（4）可持续性：农村文化创意产业注重文化资源的保护和合理利用，强调经济效益与社会效益、生态效益的和谐统一。通过科学规划和有效管理，可以实现文化资源的可持续利用和产业的可持续发展。

（三）农村文化创意产业的发展现状

近年来，随着乡村振兴战略的深入实施和人们对美好生活的向往日益增强，农村文化创意产业迎来了前所未有的发展机遇。一方面，政府加大了对农村文化创意产业的扶持力度，出台了一系列政策措施，为产业的发展提供了有力保障；另一方面，社会资本和民间资本也纷纷涌入农村文化创意产业领域，推动了产业的快速发展。

目前农村文化创意产业在全国各地呈现出蓬勃发展的态势，一些具有鲜明地域特色和丰富文化资源的乡村地区，通过挖掘和整合本土文化资源，成功打造了一批具有影响力的文化创意品牌和产品。这些品牌和产品不仅丰富了乡村文化市场供给，还带动了当地旅游、餐饮、住宿等相关产业的发展，为农民增收致富开辟了新途径。

（四）农村文化创意产业对农村经济发展的重要作用

（1）促进产业结构优化升级：农村文化创意产业的发展有助于推动农村产业结构的优化升级。通过引入创意设计、文化艺术等现代产业元素，可以打破传统农业单一的生产模式，促进农村一、二、三产业的融合发展，形成多元化的产业结构体系。

（2）增加农民收入来源：农村文化创意产业的发展为农民提供了更多的就业和创业机会。农民可以通过参与文化创意产品的生产、销售等环节增加收入来源；他们还可以利用自有房屋、土地等资源发展乡村旅游、民宿经济等新型业态，实现多渠道增收。

（3）提升乡村文化软实力：农村文化创意产业的发展有助于提升乡村文化的软实力。通过挖掘和传承乡村文化资源，打造具有地域特色的文化创意品牌和产品，可以增强乡村文化的吸引力和影响力；这些文化产品和服务还可以成为乡村对外交流的重要载体，提升乡村的知名度和美誉度。

（4）推动城乡融合发展：农村文化创意产业的发展有助于推动城乡融合发展。通过发展乡村旅游、休闲农业等新型业态，可以促进城乡之间的经济文化交流与合作；这些业态的发展还可以吸引城市居民到乡村消费、休闲度假等，带动乡村经济的繁荣发展[①]。

---

① 金虹.文化创意产业参与乡村旅游的建设模式及运作机制研究[J].农业经济，2016，（8）：32-34.

农村文化创意产业作为乡村振兴战略的重要组成部分,对于推动农村经济发展、促进乡村文化传承与创新具有重要意义。未来随着政策的持续支持和市场的不断拓展,农村文化创意产业将迎来更加广阔的发展前景。

二、农村创意文化产业发展现状与典型模式

随着乡村振兴战略的深入推进,农村文化创意产业作为一种新型产业形式,逐渐成为推动农村经济发展的重要动力。农村创意文化产业通过挖掘和利用农村丰富的文化资源,结合现代创意元素,形成了独具特色的发展模式和路径。以下将从农村创意文化产业的发展现状、典型模式以及其对农村经济发展的影响三个方面进行探讨。

(一)农村创意文化产业发展现状

1. 政策支持不断加强

近年来,国家和地方政府出台了一系列政策措施,支持农村文化创意产业的发展。例如《关于实施乡村振兴战略的意见》《文化产业发展"十三五"规划》等政策文件中,明确提出要大力发展农村文化创意产业,推动农村经济转型升级。这些政策为农村文化创意产业的发展提供了有力的保障和支持。

2. 产业规模逐渐扩大

随着政策的推动和市场需求的增长,农村文化创意产业的规模不断扩大,呈现出蓬勃发展的态势。许多农村地区通过发展文化创意产业,实现了传统农业向现代服务业的转型升级,带动了农村经济的发展。例如浙江省杭州市桐庐县的文化创意产业园,集聚了一批文化创意企业,形成了规模化、集群化的发展格局。

3. 产业类型日益多样化

农村文化创意产业的类型日益多样化,涵盖了文创旅游、手工艺品、农产品加工、文化表演等多个领域。例如云南省大理白族自治州通过发展文创旅游和手工艺品制作,吸引了大量游客,带动了当地经济的发展。陕西省杨凌示范区通过发展农产品加工和文化创意产品,提升了农产品的附加值,增加了农民收入。

(二)农村创意文化产业的典型模式

1. 文创旅游模式

文创旅游模式是农村文化创意产业的重要发展形式,通过将农村丰富的自然

景观、历史遗迹和民俗文化与现代创意元素相结合,开发出具有地方特色的文创旅游产品和项目,吸引城市游客,带动农村经济发展。例如安徽省黄山市的西递、宏村,通过保护和利用传统村落,发展文创旅游,成为了国内外知名的旅游胜地,带动了当地的经济发展。

2. 手工艺品模式

手工艺品模式通过挖掘和传承农村的传统手工艺,结合现代设计理念,开发出具有文化内涵和市场价值的手工艺品,提升产品的附加值,增加农民收入。例如贵州省黔东南苗族侗族自治州的苗绣,通过保护和传承传统刺绣技艺,开发出具有民族特色的手工艺品,远销国内外,经济效益明显提高。

3. 农产品加工模式

农产品加工模式通过对农村丰富的农产品资源进行深加工和精加工,开发出具有地方特色和市场竞争力的文化创意产品,提高农产品的附加值,促进农村经济发展。例如福建省漳州市的南靖土楼,通过开发土楼文化茶、土楼红酒等农产品加工和文化创意产品,提升了农产品的市场价值,带动了当地农民的增收致富。

4. 文化表演模式

文化表演模式通过挖掘和展示农村丰富的民间艺术和传统表演,结合现代舞台艺术和表演形式,开发出具有观赏价值和文化内涵的文化表演项目,吸引游客,促进农村经济发展。例如广西壮族自治区桂林市的《印象·刘三姐》实景演出,通过展示壮族传统歌舞,吸引了大量游客,带动了当地的旅游经济发展。

(三)农村创意文化产业对农村经济发展的影响

1. 提升农民收入

农村文化创意产业的发展,带动了农民收入的增加。通过发展文创旅游、手工艺品、农产品加工等产业,增加了农民的就业机会和收入来源,改善了农民的生活水平。例如陕西省礼泉县的"十三陵文创产业园",通过发展文创旅游和手工艺品制作,带动了当地农民的就业和收入增加。

2. 促进农村经济转型

农村文化创意产业的发展,推动了农村经济的转型升级。通过将传统农业与现代创意产业相结合,实现了产业结构的优化和升级,提升了农村经济的竞争力和可持续发展能力。例如浙江省宁波市奉化区的"滕头生态文化村",通过发展生态农业和文化创意产业,实现了农村经济的转型升级。

3. 增强文化自信

农村文化创意产业的发展,增强了农村居民的文化自信和认同感。通过保护和传承农村的传统文化,展示和弘扬农村的文化特色,提升了农村居民的文化素养和文化自信。例如湖南省湘西土家族苗族自治州的凤凰古城,通过发展文化创意产业,保护和弘扬了土家族、苗族的传统文化,增强了当地居民的文化自信和认同感。

农村文化创意产业作为推动农村经济发展的重要动力,具有广阔的发展前景和巨大的发展潜力。通过文创旅游、手工艺品、农产品加工和文化表演等典型模式,农村文化创意产业不仅提升了农民收入,促进了农村经济转型,还增强了农村居民的文化自信。在乡村振兴战略的背景下,需要政府、企业和社会各界的共同努力,通过政策引导、资金支持、人才培养等多种方式,推动农村文化创意产业的持续健康发展,实现农村经济与文化的双重繁荣[①]。

三、推动农村文化创意产业与农村经济发展路径研究

在乡村振兴战略的背景下,农村文化创意产业与农村经济发展的互动日益紧密,成为推动乡村全面振兴的重要力量。为了更有效地促进两者之间的协同发展,本节将深入探讨推动农村文化创意产业与农村经济发展的具体路径,以期为实践提供有价值的参考。

(一)深入挖掘乡村文化资源,培育文化创意品牌

乡村地区蕴含着丰富的自然资源和深厚的文化底蕴,这是发展农村文化创意产业得天独厚的优势。需要深入挖掘乡村文化资源,包括传统手工艺、民俗文化、历史遗迹、自然景观等,通过系统整理和分类,形成具有地方特色的文化资源库。在此基础上,结合市场需求和创意理念,打造具有市场竞争力的文化创意品牌。这些品牌不仅要体现乡村文化的独特魅力,还要注重产品的实用性和审美性,以满足消费者的多样化需求。

(二)加强产业融合,拓展文化创意产业链

农村文化创意产业的发展需要与其他产业深度融合,形成完整的产业链体

---

① 严再来. 乡村文化产业对乡村经济发展的影响分析——以温州市为例[J]. 赤峰学院学报(自然科学版),2016,(6):75.

系。一方面，可以与农业产业相结合，发展创意农业、休闲农业等新型业态，通过文化创意提升农产品的附加值和市场竞争力。例如可以将乡村文化元素融入农产品包装设计、品牌建设等方面，打造具有地方特色的农产品品牌。另一方面，还可以与旅游业相结合，发展乡村文化旅游、民宿经济等新型业态，通过文化创意提升旅游体验的品质和吸引力。通过产业融合，可以实现资源共享、优势互补，促进农村经济的多元化发展。

（三）强化人才支撑，培养创意人才队伍

人才是推动农村文化创意产业与农村经济发展的关键因素，当前，乡村地区普遍面临人才短缺的问题，特别是缺乏具有创意能力和市场意识的专业人才。需要加强人才培养和引进工作，为农村文化创意产业的发展提供有力的人才支撑。一方面，可以通过开展职业教育和技能培训等方式，提升本地农民的文化素养和创意能力；另一方面，可以积极引进外来人才，特别是那些具有丰富创意经验和市场资源的优秀人才。还需要建立健全人才激励机制，为人才提供良好的工作环境和发展空间，激发他们的创造力和工作热情。

（四）加大政策扶持，优化发展环境

政府在农村文化创意产业与农村经济发展中发挥着重要的引导和支持作用，为了推动两者的协同发展，需要加大政策扶持力度，优化发展环境。可以出台一系列优惠政策，如税收减免、财政补贴、贷款优惠等，降低企业运营成本和市场风险；可以加强基础设施建设，如交通、通讯、网络等，提高乡村地区的可达性和便利性；再次，可以建立健全知识产权保护体系，保护文化创意产品的知识产权和创作者的合法权益；可以加强宣传推广力度，提高乡村文化创意产业的知名度和影响力，吸引更多消费者和投资者关注和支持乡村发展。

（五）推动科技创新，提升产业竞争力

科技创新是推动农村文化创意产业与农村经济发展的重要动力，当前随着信息技术的快速发展和普及应用，为农村文化创意产业的发展提供了新的机遇和挑战。一方面，可以利用现代信息技术手段，如大数据、云计算、人工智能等，对乡村文化资源进行数字化处理和分析挖掘，提高文化资源的利用效率和价值创造能力；另一方面，可以加强与文化创意相关的技术研发和应用推广力度，如创意设计、数字媒体、虚拟现实等，提升文化创意产品的科技含量和市场竞争力。通过科技创新，可以推动农村文化创意产业向高端化、智能化、绿色化方向发展。

（六）促进城乡融合，拓展市场空间

城乡融合发展是推动农村文化创意产业与农村经济发展的重要途径之一，通过促进城乡之间的经济文化交流与合作，可以拓展农村文化创意产业的市场空间和发展潜力。一方面，可以加强城乡之间的交通联系和人员往来，促进文化资源的共享和传播；另一方面，可以加强城乡之间的产业合作和市场对接，推动农村文化创意产品进入城市市场并占据一席之地。还可以通过举办各种文化节庆活动、展览展示等形式加强城乡之间的文化交流与合作，增进城乡居民之间的了解和友谊，为农村文化创意产业的发展营造良好的社会氛围和市场环境①。

第四节　农耕文化传承与乡村旅游可持续发展

一、我国乡村旅游发展的基本现状

随着我国经济的快速发展和城乡居民收入水平的不断提高，乡村旅游作为一种新兴的旅游形式，受到了越来越多游客的青睐。乡村旅游不仅促进了农村经济的发展，还推动了农耕文化的传承和乡村社会的全面进步。

（一）乡村旅游的发展规模

1. 游客数量迅速增长

近年来，乡村旅游的游客数量迅速增长，已成为我国旅游市场的重要组成部分。根据相关统计数据，2020年，全国乡村旅游接待游客超过30亿人次，占国内旅游总人次的55%以上。乡村旅游已成为城乡居民特别是城市居民休闲度假的重要选择。

2. 旅游收入不断增加

乡村旅游带动了农村经济的发展，旅游收入不断增加。2020年，全国乡村旅游总收入超过1.2万亿元，占国内旅游总收入的20%以上。乡村旅游的快速发展，为农村地区的经济增长提供了新的动力，增加了农民的收入。

3. 旅游基础设施逐步完善

随着乡村旅游的快速发展，农村地区的旅游基础设施也在不断完善。许多地

---

① 张振鹏. 我国农村文化创意产业发展初探［J］. 华东经济管理，2013，（2）：64.

方加大了对乡村旅游的投资,建设了旅游景点、农家乐、民宿、生态农业园等,提升了乡村旅游的接待能力和服务水平。

(二) 乡村旅游的主要特点

1. 生态自然与文化体验结合

乡村旅游以生态自然和文化体验为主要特点,游客可以在乡村中亲近自然、感受田园风光,同时体验当地的农耕文化和民俗风情。例如游客可以在乡村旅游中参观农田、果园、茶园等,参与采摘、种植、农事体验等活动,了解和体验传统农耕文化。

2. 多样化的旅游产品

乡村旅游产品种类丰富,多样化的旅游产品满足了不同游客的需求。包括观光旅游、休闲度假、生态旅游、农业体验、文化旅游等多种形式。例如游客可以选择乡村观光游览、乡村休闲度假、生态农庄体验等不同类型的旅游产品,享受多样化的旅游体验。

3. 农旅融合发展

乡村旅游与农业生产紧密结合,实现了农旅融合发展。许多地方通过发展观光农业、体验农业、休闲农业等,实现了农业生产与旅游服务的有机结合。例如农家乐、民宿、生态农业园等,既是农业生产的场所,也是旅游服务的载体,推动了农业与旅游的融合发展。

(三) 乡村旅游的发展模式

1. 传统农家乐模式

农家乐是乡村旅游的传统发展模式,通过提供乡村住宿、农家饭菜和农业体验,吸引城市游客。农家乐模式简单易行,投资少、见效快,已成为许多农村地区发展乡村旅游的主要形式。例如浙江省的莫干山农家乐,通过提供乡村特色住宿和餐饮,吸引了大量游客。

2. 现代民宿模式

现代民宿是乡村旅游的一种新兴模式,通过提供高品质的乡村住宿和个性化的旅游服务,吸引中高端游客。现代民宿注重装修设计、服务质量和文化体验,具有较高的附加值。例如云南省的丽江古城民宿,通过提供独具特色的纳西族风情住宿,吸引了大量海内外游客。

3. 生态农业园模式

生态农业园模式通过发展观光农业、体验农业和休闲农业，吸引游客参观和体验。生态农业园既是农业生产的场所，也是旅游观光和体验的景点。例如北京市的昌平生态农业园，通过发展观光采摘、农事体验和生态观光，吸引了大量城市游客。

4. 文化创意园模式

文化创意园模式通过挖掘和展示农村的传统文化和民俗风情，吸引游客进行文化体验和消费。文化创意园既是文化展示的场所，也是旅游服务的载体。例如安徽省的黟县西递文化创意园，通过展示徽州文化和传统手工艺，吸引了大量文化旅游者。

（四）乡村旅游面临的挑战

1. 基础设施建设滞后

尽管乡村旅游的发展迅速，但一些农村地区的旅游基础设施仍然较为滞后。交通不便、接待能力不足、公共服务配套不完善等问题，制约了乡村旅游的进一步发展。

2. 旅游产品同质化

乡村旅游产品同质化现象严重，缺乏特色和创新。许多地方的乡村旅游产品雷同，缺乏独特的文化内涵和吸引力，难以满足游客多样化的需求。

3. 环境保护压力大

乡村旅游的发展给农村生态环境带来了较大的压力。一些地方在发展旅游的过程中，忽视了环境保护，导致生态环境恶化、资源浪费等问题。如何实现乡村旅游的可持续发展，成为亟待解决的问题。

4. 管理水平有待提升

乡村旅游管理水平参差不齐，一些地方缺乏科学的规划和管理，旅游秩序和服务质量有待提高。如何提升乡村旅游的管理水平，规范旅游市场秩序，提高服务质量，是乡村旅游面临的另一个重要挑战。

我国乡村旅游发展迅速，已成为农村经济发展的重要动力和农耕文化传承的重要载体。乡村旅游在发展过程中也面临着基础设施建设滞后、旅游产品同质化、环境保护压力大和管理水平有待提升等挑战。需要政府、企业和社会各界的共同努力，通过政策支持、科学规划、创新发展和加强管理，推动乡村旅游可持续发展，实现农村经济与农耕文化的双重振兴。

二、我国乡村旅游发展中的主要问题

随着我国乡村旅游的快速发展，其在促进农村经济增长、改善农民生活水平以及推动乡村文化传承等方面发挥了积极作用。在乡村旅游的开发与运营过程中，也逐渐暴露出一些问题，尤其是与农耕文化传承相关的问题，这些问题若不加以重视和解决，将可能影响乡村旅游的可持续发展。

（一）乡村旅游中农耕文化的开发不够深入

乡村旅游的一大魅力在于其独特的农耕文化，这是吸引游客的重要因素。在实际开发中，许多乡村旅游项目对农耕文化的挖掘和利用并不充分。一些乡村旅游点仅仅停留在提供简单的农家餐饮、住宿和农事体验等层面，缺乏深度和广度，没有将农耕文化的精髓和内涵充分展现出来。这种浅层次的开发方式不仅难以满足游客的深层次需求，也难以形成独特的竞争优势。

（二）乡村旅游文化特色不够鲜明

乡村旅游的魅力在于其独特的乡村文化和地方特色，但现实中，许多乡村旅游点在开发过程中忽视了这一点，盲目模仿和照搬其他地区的旅游模式，导致乡村旅游的文化特色不够鲜明。这种缺乏个性的旅游方式不仅难以吸引游客，也难以形成品牌效应和口碑传播。在农耕文化的传承上，更是缺乏创新和特色，使得乡村旅游失去了应有的魅力和活力。

（三）乡村旅游中出现农耕文化弱化、异化的倾向

在乡村旅游的开发过程中，由于商业化和城市化的冲击，一些乡村旅游点出现了农耕文化弱化、异化的倾向。一些地方为了迎合游客的口味和追求经济效益，过度商业化开发，忽视了农耕文化的保护和传承，导致农耕文化的原汁原味逐渐丧失。一些地方在开发乡村旅游时，盲目引入外来文化元素，与当地的农耕文化格格不入，形成了文化异化现象，这不仅破坏了乡村文化的生态平衡，也影响了乡村旅游的可持续发展。

三、基于农耕文化传承的乡村旅游可持续发展策略

（一）以政府统筹规划为前提，打造乡村旅游品牌

1. 制定科学的旅游发展规划

政府应在乡村旅游发展中发挥统筹规划的作用，制定科学的旅游发展规划，明确乡村旅游的发展方向、目标和路径。例如制定区域旅游总体规划，结合当地自然资源、文化资源和市场需求，确定重点开发的旅游项目和景区，合理布局旅游基础设施和服务设施。

2. 加大政策支持力度

政府应加大对乡村旅游的政策支持力度，提供资金、技术和人才支持，鼓励和引导社会资本参与乡村旅游开发。例如通过设立乡村旅游专项资金，支持乡村旅游基础设施建设和公共服务提升；通过税收优惠、贷款贴息等政策，吸引企业和个人投资乡村旅游项目。

3. 打造乡村旅游品牌

政府应统筹协调各方资源，打造具有地域特色和文化内涵的乡村旅游品牌，提升乡村旅游的知名度和竞争力。例如通过组织和参加旅游展览会、推介会等活动，推广乡村旅游品牌；通过媒体宣传、网络推广等途径，提升乡村旅游品牌的影响力。

（二）以社区参与为基础，提升乡村旅游的文化品位

1. 鼓励社区居民参与

社区居民是乡村旅游的重要参与者和受益者，政府和企业应鼓励社区居民积极参与乡村旅游开发和管理，提高他们的主人翁意识和参与热情。例如通过开展旅游知识培训、技能培训等活动，提高社区居民的旅游服务能力；通过设立村民委员会、旅游协会等组织，推动社区居民参与旅游规划、决策和管理。

2. 提升乡村旅游的文化品位

社区居民在乡村旅游中扮演着重要的文化传承者和展示者角色，通过他们的参与，可以提升乡村旅游的文化品位和内涵。例如鼓励社区居民开展农耕文化表演、手工艺展示、民俗活动等，向游客展示乡村传统文化和生活方式；通过组织

农耕体验活动、文化交流活动等,增加游客的文化体验和参与感。

3. 促进社区共建共享

乡村旅游的发展应坚持共建共享的原则,通过利益分配机制,让社区居民共享旅游发展的成果,提高他们的生活质量和幸福感。例如通过设立旅游收益分配机制,将部分旅游收入用于社区公共设施建设和社会服务提升;通过发展社区合作社、互助基金等,增强社区的凝聚力和互助合作精神①。

(三) 以特色农耕文化挖掘为重点,丰富乡村旅游产品类型

1. 挖掘和保护特色农耕文化

乡村旅游的可持续发展需要充分挖掘和保护当地的特色农耕文化,形成独具特色的旅游产品和品牌。例如通过开展农耕文化调查、编纂农耕文化史料等,系统挖掘和整理当地的农耕文化资源;通过设立农耕文化保护区、农耕文化博物馆等,保护和展示传统农耕文化。

2. 创新乡村旅游产品

在挖掘和保护特色农耕文化的基础上,政府和企业应创新乡村旅游产品,满足不同游客的需求。例如开发农耕文化体验产品,让游客亲身参与农耕活动,体验农耕生活;开发农耕文化创意产品,如农耕文化纪念品、手工艺品等,增加旅游产品的文化附加值;开发农耕文化教育产品,如农耕文化课程、农耕文化研学旅行等,提升乡村旅游的文化内涵。

3. 整合多种旅游资源

乡村旅游应注重资源的整合与创新,将农耕文化与其他旅游资源有机结合,形成多元化、立体化的旅游产品体系。例如将农耕文化与生态旅游相结合,开发生态农庄、观光农业等旅游产品;将农耕文化与文化旅游相结合,开发农耕文化节庆、民俗活动等旅游产品;将农耕文化与健康旅游相结合,开发农耕文化养生、农耕文化康养等旅游产品。

---

① 保继刚,孙九霞. 社区参与旅游发展的中西差异 [J]. 地理学报,2006,(4):408.

第六章　农业经济管理与农村生态环境保护

第一节　农村生态环境保护的现实基础

一、农村环境概述

(一) 农村环境

农村环境是指农村地区的自然环境和人文环境的综合体，包括土地、水体、大气、生物以及农村居民的生产和生活环境。农村环境不仅是农村居民赖以生存和发展的基础，也是农业生产的基本要素，它涵盖了自然资源和生态系统，以及由人类活动所引起的环境变化和影响。

1. 自然环境

农村的自然环境包括山川、河流、湖泊、森林、草原等自然景观，以及土壤、气候、水资源等自然资源。这些自然资源和生态系统相互作用，形成了农村特有的生态环境和自然景观。例如河流为农村地区提供灌溉用水，森林和草原为农业生产提供生态服务。

2. 人文环境

农村的人文环境包括村庄、田园、道路、公共设施等，由农村居民的生产和生活活动所构成。人文环境体现了农村地区的社会经济活动和文化特色，如农田的耕作模式、村庄的布局、民居的建筑风格等。这些人文因素不仅反映了农村居民的生活方式，也对农村的自然环境产生了深远的影响。

(二) 农村环境的特点

农村环境具有独特的特点，这些特点既体现了农村的自然属性，也反映了人类活动对环境的影响。

1. 环境资源丰富但分布不均

农村地区通常拥有丰富的自然资源，如耕地、水资源、森林和生物多样性等。这些资源的分布往往不均衡，有些地区资源丰富，而有些地区资源匮乏。例如南方农村地区水资源丰富，而北方干旱地区则水资源短缺。

2. 生态系统多样但脆弱

农村环境中的生态系统类型多样，包括森林生态系统、草原生态系统、湿地生态系统和农田生态系统等。这些生态系统为农业生产提供了必要的生态服务，如土壤肥力、病虫害防治和气候调节等。农村生态系统往往较为脆弱，容易受到自然灾害和人类活动的破坏。例如过度放牧会导致草原退化，过度开垦会导致土壤侵蚀。

3. 环境污染问题突出

随着农村经济的发展和农业生产的集约化，农村环境面临着越来越严重的污染问题。这些污染主要来自农业生产活动和农村生活活动。例如化肥和农药的过量使用导致土壤和水体污染，畜禽养殖废弃物的排放导致水体富营养化，农村生活垃圾和污水处理不当导致环境卫生问题。

4. 生态环境保护意识薄弱

农村居民的生态环境保护意识相对薄弱，对环境问题的认识和重视程度不足。一方面，农村地区的环境教育和宣传力度不够，居民缺乏科学的环境保护知识。另一方面，经济利益驱动下，一些农村居民在生产和生活中忽视环境保护，导致环境问题日益严重。

5. 生态服务功能重要

农村环境不仅是农业生产的基础，还具有重要的生态服务功能，如水源涵养、土壤保持、生物多样性保护和气候调节等。这些生态服务功能对于维持农村生态系统的健康和稳定、促进农业可持续发展具有重要意义。例如森林和草原可以涵养水源，减少水土流失；生物多样性可以提供丰富的遗传资源和生态服务。

6. 环境管理体制不完善

农村环境管理体制相对不完善，环境保护的法律法规和政策措施执行不到位。一些地方政府和村级组织在环境管理上缺乏有效的制度和机制，环境监管和执法力度不足，导致环境问题得不到及时解决。例如农村污水处理设施建设滞后，垃圾分类和处理制度不健全，环境保护资金投入不足等。

农村环境是农村地区自然环境和人文环境的综合体，具有资源丰富但分布不均、生态系统多样但脆弱、环境污染问题突出、生态环境保护意识薄弱、生态服务功能重要和环境管理体制不完善等特点。这些特点不仅决定了农村环境的独特性，也为农村生态环境保护提出了挑战和要求。在乡村振兴战略背景下，需要通过科学规划、政策支持、技术创新和公众参与等手段，全面推进农村生态环境保护，实现农村经济与生态环境的协调发展，为农村可持续发展提供坚实的环境基础。

二、我国农村环境污染主要特点

（一）污染来源广、类型多

1. 农业生产污染

农业生产是农村环境污染的主要来源之一，主要包括农药、化肥和畜禽养殖污染。

（1）农药污染：大量使用化学农药防治病虫害，但农药在土壤、水体和空气中残留，导致农作物、土壤和水源污染。

（2）化肥污染：过量施用化肥导致土壤养分失衡，富营养化现象严重，影响水体生态。

（3）畜禽养殖污染：畜禽粪便未经处理直接排放，造成水体和土壤污染，产生臭气，影响居民生活环境。

2. 生活污染

农村居民生活产生的污染物也是农村环境污染的重要来源。

（1）生活垃圾：由于垃圾处理设施不完善，农村生活垃圾多随意堆放或焚烧，造成土壤和空气污染。

（2）生活污水：生活污水处理系统不健全，污水直接排放到河流、湖泊中，造成水体污染，影响水质。

3. 工业污染

部分农村地区引进的乡镇企业和小型工业企业也成为环境污染的重要来源。

(1) 工业废水：一些乡镇企业未经处理的废水直接排放，污染当地水体。

(2) 工业废气：小型工业企业的废气排放不达标，造成大气污染，影响居民健康。

(3) 固体废物：工业固体废物随意堆放，未进行无害化处理，造成土壤和水体污染。[1]

（二）污染物种类复杂

1. 有机污染物

有机污染物是农村环境污染的主要成分，来源广泛。

(1) 农药和化肥：大量使用农药和化肥，造成土壤和水体中有机污染物残留。

(2) 畜禽养殖废物：畜禽粪便中含有大量有机污染物，未经处理直接排放，污染水体和土壤。

(3) 生活垃圾和污水：生活垃圾和污水中含有大量有机物质，随意排放导致有机污染物积累。

2. 无机污染物

无机污染物在农村环境中也广泛存在，对环境和健康造成威胁。

(1) 重金属：部分地区土壤和水体中重金属含量超标，主要来源于工业废水、农药和化肥等。

(2) 无机盐类：化肥中含有大量无机盐类，过量施用导致土壤盐碱化，影响作物生长和水体生态。

3. 微生物污染物

农村环境中的微生物污染物主要来源于畜禽养殖和生活污水。

(1) 病原微生物：畜禽粪便和生活污水中含有大量病原微生物，直接排放造成水体和土壤污染，威胁居民健康。

(2) 抗生素残留：畜禽养殖中使用的抗生素，残留在粪便和环境中，导致抗生素耐药性增加，影响生态系统和公共卫生。

---

[1] 赵旭阳，郑艳侠，孙中伟，等. 农村环境保护与生态建设[M]. 北京：中国农业出版社，2009：4.

(三）污染途径、形式多样化

1. 水体污染

水体污染是农村环境污染的主要途径之一，表现形式多样。

（1）地表水污染：农药、化肥、生活污水和工业废水直接排放到河流、湖泊，导致水质下降，富营养化现象严重，影响水生态系统。

（2）地下水污染：农业生产和工业活动导致地下水中有机污染物和重金属含量增加，威胁地下水质量，影响饮用水安全。

2. 土壤污染

土壤污染是农村环境污染的重要形式，主要由农业和工业活动引起。

（1）农药和化肥残留：长期大量使用农药和化肥，导致土壤中有毒有害物质积累，影响土壤健康和农作物质量。

（2）工业废物堆放：工业废水和固体废物随意堆放，未进行无害化处理，导致土壤重金属和有毒有害物质超标。

3. 大气污染

大气污染在农村环境污染中也日益突出，主要来源于农业和工业活动。

（1）农田燃烧：秸秆和农田废物焚烧，产生大量烟尘和有害气体，污染大气环境。

（2）工业废气排放：小型工业企业的废气排放不达标，含有大量有害气体和颗粒物，影响空气质量。

4. 复合污染

复合污染是指多种污染物和多种污染途径相互作用，造成的综合性环境污染问题。

（1）农业—工业复合污染：农业生产和工业活动共同作用，导致水体、土壤和大气的复合污染，环境问题复杂化。

（2）生活—生产复合污染：农村居民的生活污染和生产污染叠加，形成复合污染，治理难度加大。

我国农村环境污染具有污染来源广、类型多，污染物种类复杂，污染途径、形式多样化等特点。这些污染问题不仅影响农村生态环境的健康和可持续发展，还对农民的生产生活和身体健康构成严重威胁。在乡村振兴战略背景下，必须加强农村环境污染治理，通过科学规划、技术创新、政策支持和公众参与，推动农村生态环境保护，实现农村经济与环境的协调发展。

（四）污染负荷大

我国农村面临着严重的环境污染问题，既是污染物的产生地，也是污染物的主要承受者。化肥和农药在农业生产中的大量使用，不仅提高了农产品的产量，但同时也对土壤和水源造成了严重的污染。由于缺乏有效的垃圾分类和处理机制，农村生活垃圾被随意丢弃，污染了村庄周围的环境。畜禽养殖业的迅速发展也带来了大量的粪便排放，对农村的生态环境构成了严重威胁。更糟糕的是，靠近城市或企业的农村地区还不得不被动地接纳来自城市和工业的各种污染物。这些污染物包括废水、废气和其他固体废弃物，它们通过河流、空气等途径进入农村，加剧了农村环境的恶化。尽管我国在城市污水处理方面取得了一定的进展，但仍有大量的城市污水未经处理就直接排放到农村，对农村生态环境造成了极大的压力。

（五）污染后果严重

我国农村污染问题日益凸显，其后果严重且不容忽视。随着农业生产的快速发展，化肥、农药的使用量持续攀升，导致土壤重金属污染、地下水硝酸盐污染等问题日益严重。这些有毒有害物质不仅直接危害到农产品的质量与安全，还会通过食物链影响到人类的健康。

同时农村生活污水的排放也加剧了水环境的污染。许多农村地区缺乏基本的生活污水处理设施，导致污水直接排放到河流、湖泊等水体中，造成水质恶化。农村生活垃圾的处理问题也不容忽视。由于缺乏有效的垃圾分类和回收制度，大量垃圾被随意丢弃，严重污染了农村环境。

农村污染问题的严重性不仅体现在生态环境方面，还直接威胁到农民的健康和生活质量。长期生活在污染严重的环境中，农民群体更容易患上各种疾病，如肺癌、肝癌等。污染还会影响农田的生产能力，导致农产品减产和质量下降，进而影响到农民的收入和生活水平。

三、我国农村生态环境保护的现状

1. 政策法规不断完善

近年来,我国政府高度重视农村生态环境保护工作,出台了一系列政策法规,如《乡村振兴战略规划(2018-2022年)》《农村人居环境整治三年行动方案》等,为农村生态环境保护提供了有力的政策保障。

2. 环保意识逐渐增强

随着环保教育的普及和乡村振兴战略的推进,农村居民的环保意识逐渐增强。他们开始意识到保护生态环境的重要性,并积极参与农村环境整治和生态保护活动。

3. 科技支撑力度加大

科技在农村生态环境保护中的作用日益凸显。通过推广环保技术、发展生态农业等措施,科技正为农村生态环境保护提供有力的支撑。例如生物肥料、生物农药等环保产品的研发和应用,有效减少了化肥和农药的使用量,降低了农业面源污染。

4. 存在的问题与挑战

尽管我国农村生态环境保护工作取得了显著成效,但仍存在一些问题和挑战。例如部分农村地区环保设施落后,生活垃圾和农业废弃物处理难度大;一些农民的环保意识仍然薄弱,存在随意丢弃垃圾、滥用化肥农药等行为;环保资金投入不足,导致一些环保项目难以实施。

综上所述,我国农村生态环境保护在乡村振兴战略背景下取得了显著进展,但仍面临诸多挑战。为了进一步推动农村生态环境的改善和保护,需要继续完善政策法规体系,加强环保宣传教育,提高农民的环保意识;加大科技支撑力度,推广环保技术和生态农业模式;还需要增加环保资金投入,完善农村环保设施建设和管理。通过这些措施的实施,我们可以为农村经济可持续发展和乡村振兴战略顺利推进提供坚实的生态环境保障。

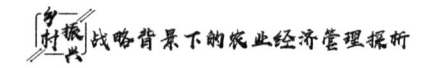

第二节　农村生态环境保护对乡村振兴的助力

一、农村生态环境保护的意义

（一）农村生态环境保护是关系人民幸福的民生大事

农村生态环境保护不仅关乎农村经济的可持续发展，更直接关系到广大农民的生活质量和幸福指数。良好的生态环境是农村居民健康生活的基础，是农产品安全和质量的重要保障，也是农村社会和谐稳定的重要因素。

1. 保障农村居民健康

（1）改善生活环境

农村生态环境的保护直接改善了农村居民的生活环境，清新的空气、洁净的水源、良好的土壤质量和丰富的生物多样性，为农民提供了健康的生活基础。例如减少农业化学品的使用和控制工业污染，可以有效降低空气和水体中的有害物质含量，减少呼吸道疾病和水源性疾病的发生率。

（2）预防环境相关疾病

保护农村生态环境可以预防环境相关疾病的发生，长期暴露在污染环境中，农民容易患上呼吸系统疾病、消化系统疾病和皮肤病等。例如控制农药残留和重金属污染，确保饮用水和食品安全，可以有效减少这些疾病的发生，提高农民的健康水平。

（3）提升心理幸福感

良好的生态环境能够提升农村居民的心理幸福感，优美的自然景观、清新的空气和宁静的生活环境，有助于减轻压力，改善心理健康，提升生活满意度和幸福感。例如植树造林、保护湿地和修复河道等生态工程，可以美化环境，营造和谐美好的生活氛围。

2. 促进农村经济可持续发展

（1）提升农业生产力

农村生态环境的保护有助于提升农业生产力，健康的土壤、充足的水资源和适宜的气候条件是高效农业生产的重要基础。例如通过生态农业和有机农业的推广，减少化肥和农药的使用，可以提高土壤肥力和作物质量，增加农产品的市场竞争力。

(2) 发展绿色产业

良好的生态环境为农村绿色产业的发展提供了条件，生态旅游、生态养殖和绿色种植等绿色产业，依托优美的自然环境和丰富的生态资源，具有广阔的市场前景。例如发展生态旅游可以吸引城市游客，增加农民收入，带动农村经济发展。

(3) 提高农产品附加值

生态环境的保护可以提高农产品的附加值，绿色、有机和无公害农产品因其安全、健康、环保，受到市场的青睐，具有较高的附加值。例如通过认证和品牌建设，推广绿色和有机农产品，可以提高农产品的市场价格和农民的经济收益。

3. 确保农产品质量安全

(1) 减少农药残留

农村生态环境的保护有助于减少农药残留，确保农产品的质量和安全。例如推广生物防治和物理防治技术，减少化学农药的使用，可以降低农产品中的农药残留量，提高农产品的安全性。

(2) 防止重金属污染

重金属污染是农产品安全的重大威胁，通过加强工业污染控制和废弃物管理，可以有效防止重金属污染土壤和水源，确保农产品不受重金属污染。例如建立严格的污染源监控和管理体系，限制有害物质的排放，可以保障农产品的质量安全。

(3) 保障饮用水安全

保护农村水源地和加强水污染防治，是确保农村饮用水安全的重要措施。例如通过建设污水处理设施、推广节水灌溉技术和保护水源涵养区，可以有效防止水源污染，确保农民饮用水的安全和卫生。

4. 维护农村社会和谐稳定

(1) 改善人居环境

保护农村生态环境，有助于改善人居环境，提升农村居民的生活质量和幸福感。例如推进农村垃圾分类和处理、建设美丽乡村工程和修复自然生态系统，可以改善村容村貌，营造整洁、优美的居住环境。

(2) 促进社会公平

环境污染往往加剧社会不公平，保护农村生态环境有助于促进社会公平。例如通过环境治理和生态补偿机制，减少环境污染对贫困农村地区的影响，可以缩小城乡和区域发展差距，促进社会公平和正义。

（3）增强社会凝聚力

共同参与生态环境保护活动，可以增强农村社区的凝聚力和归属感。例如开展生态文明教育、组织环保志愿活动和推动社区共同治理，可以增强农民的环境保护意识和社会责任感，促进社区的和谐稳定。

农村生态环境保护是关系人民幸福的民生大事，通过改善生活环境、预防环境相关疾病和提升心理幸福感，保障农村居民健康；通过提升农业生产力、发展绿色产业和提高农产品附加值，促进农村经济可持续发展；通过减少农药残留、防止重金属污染和保障饮用水安全，确保农产品质量安全；通过改善人居环境、促进社会公平和增强社会凝聚力，维护农村社会和谐稳定。只有在多方共同努力下，加强农村生态环境保护，才能实现乡村振兴，提升农民的生活质量和幸福指数。

（二）实施农村生态环境保护政策是创建美丽乡村的要求

在乡村振兴战略的大背景下，农村生态环境保护不仅关乎农业生产的可持续性，更是创建美丽乡村、提升农村居民生活质量的重要一环。实施农村生态环境保护政策，不仅是国家对农村生态环境保护的重视体现，更是实现乡村振兴、构建美丽中国的必然要求。

1. 农村生态环境保护与美丽乡村建设的内在联系

美丽乡村建设是乡村振兴战略的重要组成部分，它要求我们在推动农村经济发展时注重农村生态环境的保护与改善。农村生态环境保护政策的实施，可以有效解决农村环境脏乱差的问题，提升农村的整体环境质量，为美丽乡村建设奠定坚实基础。一个环境优美、生态宜居的农村，不仅能够吸引更多的游客和投资者，还能提升农村居民的自豪感和归属感，从而进一步推动乡村的全面振兴。

2. 农村生态环境保护政策对农业生产的促进作用

农业生产是农村经济的核心，而良好的生态环境是农业生产的基础。实施农村生态环境保护政策，可以有效减少农业面源污染，改善土壤和水体质量，为农作物提供更加优越的生长环境。这将有助于提高农产品的产量和质量，增加农民的收入，进一步激发农民从事农业生产的积极性和创造性。良好的生态环境还能吸引更多的农业投资，推动农业产业的升级和发展，为乡村振兴注入新的活力。

3. 农村生态环境保护政策对农村居民生活质量的提升

农村居民是乡村振兴的主体，他们的生活质量直接关系到乡村振兴的成败。实施农村生态环境保护政策，可以改善农村居民的生活环境，减少疾病的发生，提升他们的健康水平。优美的生态环境还能丰富农村居民的精神文化生活，提升他们的幸福感和满意度。一个生态环境优美、生活设施完善的农村，将吸引更多的年轻人回乡创业和生活，为乡村振兴提供有力的人才支撑。

4. 农村生态环境保护政策对乡村社会治理的推动作用

乡村社会治理是乡村振兴的重要内容，而农村生态环境保护政策的实施可以为乡村社会治理提供有力的支持。通过加强农村生态环境保护，可以推动农村居民形成环保意识和环保习惯，提升他们的自我管理和自我约束能力。农村生态环境保护政策的实施还可以促进农村社会的和谐稳定，减少因环境问题引发的社会矛盾和冲突。一个生态环境良好、社会和谐的农村，将为乡村振兴创造更加有利的社会环境[1]。

（三）农村生态环境保护是全面推进乡村振兴的必要条件

在乡村振兴战略背景下，农村生态环境保护不仅是生态文明建设的重要内容，也是实现乡村振兴的必要条件。良好的生态环境为农业发展、农村经济增长和农民生活质量的提升提供了坚实保障。

1. 促进农业可持续发展

（1）提升农业生产力

良好的生态环境是高效农业生产的重要基础。健康的土壤、清洁的水源和适宜的气候条件为农作物的生长提供了必要的自然资源，提升了农业生产力。例如实施土壤改良和水源保护措施，可以提高土壤肥力和水资源利用效率，增加农作物产量和质量。

（2）推动绿色农业发展

生态环境保护推动了绿色农业的发展，通过推广有机农业、生态农业等绿色生产方式，减少化肥和农药的使用，保护农田生态系统，实现农业的可持续发展。例如推广有机种植和生物防治技术，可以减少化学农药和化肥的依赖，保护

---

[1] 闫晋晋，王燕平. 保护好农村生态环境对于促进乡村振兴的意义探讨［J］. 山西农经，2023，(24)：96-97.

土壤和水体的生态健康。

（3）增强农业抗风险能力

良好的生态环境增强了农业的抗风险能力，减少自然灾害对农业生产的影响。例如植树造林和水土保持措施可以防止水土流失和土地退化，减轻洪涝和干旱对农业的危害，保障农业生产的稳定性。

2. 促进农村经济高质量发展

（1）发展生态旅游

农村生态环境的保护为发展生态旅游提供了良好的条件，优美的自然景观、丰富的生态资源和独特的农耕文化，吸引了大量城市游客，带动了农村经济的发展。例如通过开发生态旅游景区、建设农家乐和民宿，可以增加农村就业机会，提升农民收入。

（2）推动绿色产业

生态环境保护推动了绿色产业的发展，通过发展绿色种植、生态养殖和农产品加工业，提升了农产品的附加值，促进了农村经济的高质量发展。例如发展绿色食品、有机农产品和生态产品，提高了农产品的市场竞争力，增加了农民的经济收益。

（3）促进农村产业融合

良好的生态环境促进了农村一二三产业的融合发展，通过推进农业与旅游、文化、康养等产业的深度融合，形成了多元化、综合性的产业发展格局。例如通过建设农业观光园、休闲农业园和农产品加工园，实现了农业、旅游和加工业的协同发展，提升了农村经济的综合效益。

3. 提高农民生活质量

（1）改善人居环境

生态环境保护直接改善了农村的人居环境，提高了农民的生活质量。例如通过实施农村垃圾分类和处理、建设污水处理设施和推进村庄绿化美化，改善了村容村貌，营造了清洁、整洁、舒适的居住环境。

（2）保障饮用水安全

保护水源地和加强水污染防治，确保农村饮用水安全，提高了农民的健康水平。例如通过建设饮用水源保护区、推广农村安全饮水工程，确保了农民饮用水的安全和卫生，减少了水源性疾病的发生。

(3) 提供健康生活方式

良好的生态环境为农民提供了健康的生活方式，促进了身心健康。例如通过建设生态公园、开展生态文明教育和组织健康活动，增强了农民的环境保护意识和健康理念，提高了生活满意度和幸福感。

4. 维护农村社会和谐稳定

(1) 增强社区凝聚力

生态环境保护通过共建共治共享，增强了农村社区的凝聚力和归属感。例如通过开展生态文明教育、组织环保志愿活动和推动社区共同治理，增强了农民的环境保护意识和社会责任感，促进了社区的和谐稳定。

(2) 促进社会公平

生态环境保护促进了社会公平，通过环境治理和生态补偿机制，减少了环境污染对贫困农村地区的影响。例如通过设立生态补偿基金、实施生态扶贫项目，改善了贫困农村地区的生态环境，缩小了城乡和区域发展差距，促进了社会公平和正义。

(3) 增强社会稳定

良好的生态环境为农村社会的稳定提供了保障，通过减少环境污染、改善生态环境，减少了环境矛盾和冲突。例如通过严格的环境监管和执法，防止环境污染事件的发生，维护了农村社会的和谐稳定。

农村生态环境保护是全面推进乡村振兴的必要条件，通过促进农业可持续发展、推动农村经济高质量发展、提高农民生活质量和维护农村社会和谐稳定，农村生态环境保护为乡村振兴提供了坚实的基础和保障。在乡村振兴战略背景下，需要政府、社会和农民的共同努力，通过科学规划、政策支持、技术创新和公众参与，全面加强农村生态环境保护，实现农村经济、社会和环境的协调发展，为乡村振兴提供强大的生态支撑。

二、实现乡村生态振兴的措施

乡村生态振兴是乡村振兴战略的重要组成部分，它要求我们在推动乡村经济发展时注重农村生态环境的保护与改善。实现乡村生态振兴需要采取一系列切实有效的措施，以推动农村生态环境的持续改善和美丽乡村的全面建设。

（一）加强农村生态环境保护政策的制定与执行

完善农村生态环境保护法律法规体系，明确各级政府在农村生态环境保护方面的职责和权力，确保政策的有效执行。加大农村生态环境保护政策的宣传力度，提高农村居民的环保意识和参与度，形成全社会共同关注农村生态环境保护的良好氛围。建立健全农村生态环境保护政策的监督机制，定期对政策执行情况进行评估和反馈，确保政策的有效性和针对性。

（二）加大农村环保设施的投入与建设力度

增加对农村环保设施的财政投入，优先支持农村生活垃圾和农业废弃物的收集、转运和处理设施的建设。推广先进的环保技术和设备，提高农村环保设施的处理效率和运行稳定性，降低运行成本。鼓励社会资本参与农村环保设施的建设和运营，形成政府引导、市场运作、社会参与的多元化投入机制。

（三）推广环保技术与生态农业模式

加大对环保技术的研发和推广力度，鼓励农民采用生物肥料、生物农药等环保产品，降低化肥和农药的使用量，减少农业面源污染。推广生态农业模式，如循环农业、有机农业等，提高农业生产的可持续性和生态效益。加强农业废弃物的资源化利用，如秸秆还田、畜禽粪便制肥等，实现农业废弃物的减量化、资源化和无害化处理。

（四）提升农村居民的环保意识与参与度

加强农村环保教育，提高农村居民的环保意识和环保技能，引导他们积极参与农村生态环境保护活动。鼓励农村居民参与农村环保设施的建设和运营，如垃圾分类、环境监测等，提高他们的环保责任感和参与度。建立健全农村环保志愿者队伍，组织开展各类环保宣传和实践活动，推动农村环保工作的深入开展。

（五）强化农村环境监管与执法力度

加强农村环境监管体系建设，建立健全农村环境监测网络，实现对农村环境的全面、实时、准确监测。加大对农村环境违法行为的查处力度，严格执法，对违法排污、破坏生态环境等行为进行严厉打击。建立健全农村环境信访和举报制度，鼓励农村居民积极举报环境违法行为，形成全社会共同监督农村环境保护的良好氛围。

实现乡村生态振兴是乡村振兴战略的重要目标之一，也是推动农村经济社会可持续发展的重要保障。通过加强农村生态环境保护政策的制定与执行、加大农村环保设施的投入与建设力度、推广环保技术与生态农业模式、提升农村居民的环保意识与参与度以及强化农村环境监管与执法力度等一系列措施的实施,可以有效改善农村生态环境质量,推动美丽乡村建设和乡村振兴战略的全面实施①。

第三节 农业机械化建设与农村生态环境保护

一、农业机械化建设对农村生态环境保护的作用

农业机械化建设是现代农业发展的重要方向,通过引入和推广先进的农业机械设备,提高农业生产效率,减少劳动力投入,优化农业生产方式。农业机械化不仅在促进农业增产增效、提高农民收入方面发挥了重要作用,而且对农村生态环境保护具有深远的影响。

(一)土壤保护

(1)减少土壤侵蚀

农业机械化通过推广保护性耕作技术,减少土壤侵蚀,保护土壤资源。例如免耕播种机、少耕机等机械设备的应用,减少了土壤翻耕次数,保护了土壤结构,减少了水土流失和土壤侵蚀。

(2)提高土壤肥力

现代农业机械设备如施肥机、土壤改良机械等,能够精确施肥和改良土壤,提高土壤肥力。例如施肥机能够根据土壤养分状况,精确施用有机肥和化肥,避免过量施肥造成的土壤污染,提高土壤肥力和作物产量。

(3)促进土壤健康

农业机械化促进了土壤健康管理,通过科学的耕作和土壤管理技术,维持和改善土壤健康。例如深松机能够打破犁底层,改善土壤通透性,促进根系生长,增强土壤生物活性和有机质含量,提升土壤健康水平。

(二)水资源管理

(1)节约灌溉用水

农业机械化通过推广节水灌溉技术,减少灌溉用水,提高水资源利用效率。

---

① 兰州大学县域经济发展研究院,兰州大学乡村振兴战略研究院课题组.乡村振兴的理论政策与实践[M].兰州:兰州大学出版社,2020:256.

例如滴灌、喷灌等节水灌溉设备，能够根据作物需水量精确供水，减少水资源浪费，降低地下水开采量，保护水资源。

（2）防止水体污染

农业机械化在农业生产中推广科学施肥和施药技术，减少化肥和农药的流失，防止水体污染。例如精量播种机和精准施药设备，能够根据作物需求精确施用农药和化肥，减少过量使用和地表径流带来的水体污染。

（3）改善水土保持

农业机械化通过机械化水土保持技术，改善水土保持能力。例如机械化梯田建设、机械化水利设施建设等，能够有效控制水土流失，改善水土保持能力，保护农村水环境。

（三）空气质量改善

（1）减少秸秆焚烧

农业机械化推广秸秆还田技术，减少秸秆焚烧，改善空气质量。例如秸秆还田机和秸秆粉碎机能够将秸秆直接粉碎还田，减少秸秆焚烧造成的空气污染，提高土壤有机质含量。

（2）控制农业机械排放

现代农业机械设备采用先进的环保技术，减少尾气排放，改善空气质量。例如采用清洁能源和低排放技术的农业机械，减少了二氧化碳、氮氧化物等有害气体的排放，降低了空气污染。

（3）推广绿色农业机械

推广绿色农业机械，减少农业生产过程中的环境污染。例如电动农机、太阳能农机等绿色农业机械，减少了传统燃油农机的污染排放，推动了农业生产的绿色转型。

（四）生物多样性维护

（1）保护农田生物多样性

农业机械化通过科学的农田管理技术，保护和促进农田生物多样性。例如保护性耕作和轮作制度的推广，减少了单一作物种植带来的生物多样性下降，促进了农田生态系统的健康发展。

（2）促进生态农业发展

农业机械化推动了生态农业的发展，通过生态农业机械化技术，维护农业生态系统的多样性和稳定性。例如生物防治设备和有机农业机械的应用，减少了化学农药和化肥的使用，促进了农业生态系统的平衡和多样性。

（3）保护野生动植物

农业机械化通过推广绿色农业技术，减少了对野生动植物栖息地的破坏，保护了农村生态环境。例如推广生态农田建设，保护农村湿地和森林，提供了野生动植物的栖息环境，维护了生物多样性。

（五）废弃物处理

（1）秸秆综合利用

农业机械化推动了秸秆的综合利用，通过机械化秸秆处理技术，实现了秸秆的资源化利用。例如秸秆还田机、秸秆发电设备等的应用，将秸秆转化为有机肥料、能源等，提高了资源利用效率，减少了环境污染。

（2）畜禽废弃物处理

农业机械化促进了畜禽废弃物的科学处理和利用，通过机械化粪便处理设备，实现了畜禽废弃物的无害化和资源化。例如粪便处理机和沼气发酵设备，将畜禽废弃物转化为有机肥料和清洁能源，减少了环境污染。

（3）农膜回收利用

农业机械化推动了农膜的回收利用，通过机械化农膜回收设备，实现了农膜的循环利用。例如农膜回收机能够高效回收废旧农膜，减少农田白色污染，推动了农业生产的绿色发展。

农业机械化建设在促进农业增产增效时对农村生态环境保护具有重要作用。通过减少土壤侵蚀、提高土壤肥力和健康、节约灌溉用水、防止水体污染，减少秸秆焚烧和机械排放，保护农田生物多样性和促进生态农业发展，以及实现秸秆、畜禽废弃物和农膜的综合利用，农业机械化推动了农村生态环境的改善和可持续发展。

二、农业机械化建设对农村生态环境保护的影响

在乡村振兴战略深入实施的背景下，农业机械化建设作为推动农业现代化进程的关键环节，其对农村生态环境保护的影响日益受到关注。农业机械化不仅提高了农业生产效率，减轻了农民的劳动强度，同时也对农村生态环境产生了深远的影响。

（一）提升农业生产效率，减轻环境压力

农业机械化通过引入先进的机械设备和技术手段，显著提高了农业生产的效率。传统的人工耕作方式劳动强度大、效率低，且容易对土壤造成过度翻耕和压实，导致土壤质量下降。而农业机械化作业则能够精准控制耕作深度、施肥量和灌溉量，减少不必要的土地扰动和资源浪费，从而减轻对环境的压力。机械化作业还能有效减少人力成本，使农民有更多时间和精力关注农业生产的环境影响，采取更加环保的生产方式。

（二）促进资源节约与循环利用

农业机械化建设有助于促进农业资源的节约与循环利用。通过精准施肥、节水灌溉等机械化作业方式，可以减少化肥和农药的过量使用，降低对土壤和水体的污染。机械化收割和秸秆还田技术可以减少秸秆焚烧带来的空气污染，促进秸秆资源的循环利用。农业机械化还能推动农业废弃物的资源化利用，如畜禽粪便通过机械化处理可以转化为有机肥料，既解决了废弃物处理问题，又提高了资源利用效率。

（三）推动生态农业与绿色农业的发展

农业机械化建设与生态农业、绿色农业的发展相互促进。生态农业和绿色农业强调在保护生态环境的前提下进行农业生产，而农业机械化则为这一目标的实现提供了有力支持。通过引入智能化、精准化的机械设备和技术手段，可以实现对农业生产过程的精细化管理，减少化学投入品的使用量，提高农产品的品质和安全性。农业机械化还能促进农业与二、三产业的融合发展，推动农村产业结构调整和优化升级，为生态农业和绿色农业的发展创造更加有利的条件。

（四）应对气候变化与生态灾害的挑战

面对气候变化和生态灾害的挑战，农业机械化建设发挥了重要作用。气候变化导致的极端天气事件频发，对农业生产构成了严重威胁。而农业机械化作业能够提高农业生产的抗逆性和适应性，如通过机械化灌溉系统应对干旱、通过机械化收割减少作物倒伏损失等。农业机械化还能在生态灾害发生时迅速组织救援和恢复生产工作，降低灾害对农业生产的影响。例如在洪涝灾害发生后，机械化设备可以快速排涝、修复农田基础设施等，为恢复农业生产提供有力保障。

（五）促进农村生态环境保护的公众参与

农业机械化建设还促进了农村生态环境保护的公众参与。随着农业机械化的普及和推广，越来越多的农民开始关注农业生产的环境影响并积极参与环境保护工作。他们通过学习和掌握先进的农业机械化技术和环保知识，不断优化生产方式和管理模式，减少对环境的破坏。农业机械化的发展也为农村环保产业的发展提供了广阔空间，吸引了更多社会资本的投入和关注，进一步推动了农村生态环境保护的公众参与和多元化治理格局的形成。

综上所述，农业机械化建设对农村生态环境保护产生了深远的影响。它不仅提升了农业生产效率、减轻了环境压力、促进了资源节约与循环利用、推动了生态农业与绿色农业的发展以及应对了气候变化与生态灾害的挑战，还促进了农村生态环境保护的公众参与。在未来的发展中，应继续加强农业机械化建设与农村生态环境保护的协调发展，推动农业可持续发展和美丽乡村建设目标的实现。还需要关注农业机械化过程中可能产生的负面影响，并采取有效措施加以防范和治理，确保农业机械化建设与农村生态环境保护的双赢局面。

三、加强农业机械化建设与农村生态环境保护的建议

农业机械化是实现现代农业发展的重要手段，也是保护农村生态环境的有效途径。为了充分发挥农业机械化在农村生态环境保护中的作用，以下从政策支持、技术创新、人才培养、管理机制和公众参与五个方面提出加强农业机械化建设与农村生态环境保护的建议。

（一）加强政策支持

（1）完善政策法规

政府应完善农业机械化和生态环境保护相关的政策法规，制定鼓励农业机械化发展的优惠政策和法规制度。例如出台农业机械购置补贴政策，支持农民购买和使用先进的环保型农业机械设备；制定农业机械使用和维护标准，确保农业机械的环保性能。

（2）增加财政投入

政府应加大对农业机械化建设和生态环境保护的财政投入，设立专项资金支持农业机械化项目和生态环境保护工程。例如设立农业机械化专项补贴基金，支持农民和农业企业购置先进农业机械；设立生态环境保护专项资金，支持农村生

态工程建设和环境治理项目。

（3）推进绿色发展

政府应推进农业绿色发展，鼓励和引导农民采用环保型农业机械和绿色农业技术。例如出台鼓励有机农业、生态农业发展的政策，推广绿色农机和绿色农业生产方式；设立绿色农业示范区，推广先进的农业机械和生态农业技术。

（二）推动技术创新

（1）加强科研投入

政府和科研机构应加大对农业机械化和生态环境保护技术的科研投入，支持农业机械设备和环保技术的研发和创新。例如设立农业机械化科研专项基金，支持高校和科研机构开展农业机械和环保技术的研发；鼓励企业与科研机构合作，开发先进的环保型农业机械设备。

（2）推广先进技术

政府应加快推广先进的农业机械化和生态环境保护技术，促进农业生产的现代化和绿色化。例如推广免耕播种机、精量施肥机等先进农业机械设备，减少土壤侵蚀和化肥使用；推广节水灌溉技术和生物防治技术，保护水资源和生态环境。

（3）推动智能化

政府和企业应推动农业机械的智能化和信息化，提高农业机械的效率和环保性能。例如开发和推广智能农机设备，实现精准农业生产和智能管理；建设农业物联网系统，实现农业生产过程的实时监控和管理，提高农业生产的科学性和环保性。

（三）加强人才培养

（1）培养专业人才

政府和教育机构应加强农业机械化和生态环境保护领域的人才培养，为农业机械化建设和环境保护提供智力支持。例如设立农业机械化和环境工程专业，培养一批懂技术、会管理的专业人才；开展农业机械操作和维护培训，提高农民和农业企业的技术水平。

（2）加强技术培训

政府应加强对农民和农业企业的技术培训，提升他们对农业机械化和生态环境保护技术的认知和应用能力。例如定期举办农业机械操作培训班和生态农业技术培训班，提高农民和农业企业的技术水平和环保意识；建立农业机械化服务中心，提供技术咨询和服务支持。

(3) 推进教育宣传

政府和社会组织应加强农业机械化和生态环境保护的教育宣传，提升公众的环保意识和责任感。例如通过媒体宣传、教育讲座和现场示范，向农民普及农业机械化和生态环境保护知识；组织环保志愿者活动，倡导绿色生产和环保生活方式。

(四) 健全管理机制

(1) 完善管理体系

政府应建立和完善农业机械化和生态环境保护的管理体系，确保各项工作有序推进。例如建立农业机械化管理部门，负责农业机械化政策制定、实施和监督；建立生态环境保护管理体系，负责环境保护政策实施和环境治理项目管理。

(2) 加强监督管理

政府应加强对农业机械化和生态环境保护工作的监督管理，确保各项政策和措施落到实处。例如建立农业机械质量监督机制，确保农业机械设备的环保性能；建立环境监测体系，实时监测农村生态环境状况，及时发现和解决环境问题。

(3) 推动示范带动

政府应推动农业机械化和生态环境保护的示范带动作用，通过典型示范和经验推广，推动全面发展。例如建设农业机械化示范区和生态农业示范区，总结和推广成功经验，带动更多地区实现农业机械化和生态环境保护目标。

(五) 增强公众参与

(1) 鼓励农民参与

政府应鼓励农民积极参与农业机械化建设和生态环境保护工作，提高他们的主动性和积极性。例如开展农民参与式规划和管理，充分听取农民的意见和建议；设立农民合作社，推动农民共同参与农业机械化和环境保护项目。

(2) 加强社区合作

政府应推动社区合作，加强社区在农业机械化和生态环境保护中的作用。例如建立社区环保组织，组织农民开展环境保护活动；推动社区合作社发展，促进农民共同参与农业机械化和绿色农业生产。

(3) 倡导社会支持

政府和社会组织应倡导社会各界支持农业机械化和生态环境保护工作，形成全社会共同参与的良好氛围。例如发动企业、科研机构和社会组织参与农业机械化和生态环境保护项目，提供技术、资金和服务支持；通过媒体宣传和公益活动，提升公众对农业机械化和生态环境保护的关注和支持。

农业机械化建设在农村生态环境保护中具有重要作用，通过政策支持、技术创新、人才培养、管理机制和公众参与，可以全面推进农业机械化和生态环境保护的协调发展。政府、企业、科研机构和社会各界共同努力，加强农业机械化建设与农村生态环境保护的有机结合，推动农业生产的现代化和绿色化，实现乡村振兴的战略目标，为农村经济、社会和生态的可持续发展提供坚实保障。

第四节 农村生态环境改善与生态农业经济发展

一、我国农村生态农业经济发展状况

在乡村振兴战略的大背景下，农村生态环境改善与生态农业经济发展成为推动农村经济社会可持续发展的重要途径。生态农业作为一种集经济效益、生态效益和社会效益于一体的新型农业发展模式，正逐步成为我国农村经济发展的新引擎。

（一）生态农业的定义与特点

生态农业是按照生态学原理和经济学规律，运用现代科学技术成果和现代管理手段，以及传统农业的有效经验建立起来的，能获得较高的经济效益、生态效益和社会效益的现代化农业。它强调发挥农业生态系统的整体功能，以大农业为出发点，全面规划、调整和优化农业结构，使农、林、牧、副、渔各业和农村一、二、三产业综合发展，形成良性的生态循环。生态农业具有综合性、多样性、高效性和持续性等特点，这些特点决定了其在农村生态环境保护与经济发展中的重要作用。

（二）我国农村生态农业经济发展的现状

近年来，随着我国对生态文明建设的高度重视和乡村振兴战略的深入实施，农村生态农业经济得到了快速发展。一方面，各级政府出台了一系列支持生态农业发展的政策措施，如财政补贴、税收优惠等，为生态农业的发展提供了有力保障。另一方面，随着科技的不断进步和农民环保意识的提高，越来越多的农民开始尝试采用生态农业技术和管理模式进行农业生产。目前，我国农村生态农业经济发展呈现出以下几个特点。

（1）产业规模不断扩大：生态农业产业规模持续扩大，涉及领域广泛，包括有机农业、绿色农业、循环农业等多种模式。各地根据自身资源禀赋和市场需求，积极发展特色生态农业产业，形成了一批具有地域特色的生态农业品牌。

（2）技术水平不断提高：随着科技的不断进步，生态农业技术水平不断提高。现代生物技术、信息技术等先进技术在生态农业领域得到广泛应用，推动了生态农业的智能化、精准化发展。生态农业技术培训体系不断完善，为农民提供了更多的学习机会和技术支持。

（3）市场需求持续增长：随着人们生活水平的提高和健康意识的增强，消费者对绿色、有机、安全的农产品需求持续增长。这为生态农业产品提供了广阔的市场空间和发展机遇。电商平台的兴起也为生态农业产品的销售提供了更加便捷的渠道。

（4）生态效益显著：生态农业的发展不仅提高了农产品的品质和安全性，还有效改善了农村生态环境。通过减少化肥农药使用量、推广秸秆还田等措施，降低了农业面源污染；通过发展林下经济、立体种植等模式，提高了土地资源的利用效率；通过推广节水灌溉、循环利用等技术手段，节约了水资源和能源。

（三）我国农村生态农业经济发展面临的挑战

尽管我国农村生态农业经济取得了显著成效，但仍面临一些挑战。

（1）政策支持力度有待加强：尽管各级政府出台了一系列支持生态农业发展的政策措施，但在实际操作过程中仍存在政策落实不到位、资金投入不足等问题。部分政策缺乏针对性和可操作性，难以有效满足生态农业发展的实际需求。

（2）技术创新能力不足：虽然生态农业技术水平不断提高，但整体而言仍缺乏具有自主知识产权的核心技术和高端产品。技术创新体系尚不完善，科研成果转化效率不高，难以支撑生态农业产业的快速发展。

（3）市场体系不健全：生态农业产品市场体系尚不健全，存在信息不对称、价格机制不合理等问题。部分消费者对生态农业产品的认知度和接受度有待提高，影响了生态农业产品的市场销售和品牌建设。

（4）农民参与积极性不高：由于生态农业投入成本较高、技术要求较严等原因，部分农民对生态农业的参与积极性不高。部分农民缺乏必要的生态农业知识和技能储备，难以有效应对生态农业生产过程中的各种挑战。

(四) 推动我国农村生态农业经济发展的对策建议

针对以上挑战和问题，本文提出以下对策建议。

（1）加大政策支持力度：各级政府应进一步加大对生态农业发展的政策支持力度，完善相关政策措施和资金投入机制。加强政策宣传和落实力度，确保各项政策措施得到有效执行。还应加强对生态农业产业的规划引导和支持服务体系建设工作。

（2）提升技术创新能力：加强生态农业技术研发和创新能力建设工作，推动形成具有自主知识产权的核心技术和高端产品体系。同时加强技术培训和推广力度工作，提高农民对生态农业技术的认知度和应用能力水平。此外还应加强科研成果转化效率提升工作，推动生态农业产业快速发展壮大起来。

（3）完善市场体系：建立健全生态农业产品市场体系工作，加强市场信息收集和发布工作力度，提高市场透明度和公平性水平。同时加强品牌建设力度工作，提高消费者对生态农业产品的认知度和接受度水平。此外还应加强市场监管力度工作，打击假冒伪劣产品等不法行为。

（4）提高农民参与积极性：通过多种方式提高农民对生态农业的参与积极性。例如通过举办培训班、现场观摩等方式加强农民对生态农业技术的认知度和应用能力；通过出台优惠政策、提供资金扶持等方式降低农民参与生态农业生产的成本和风险；通过加强宣传引导等方式提高农民对生态农业发展的认识和支持力度等等。

我国农村生态农业经济在乡村振兴战略的推动下取得了显著成效但仍面临诸多挑战和问题。未来需要继续加大政策支持力度、提升技术创新能力、完善市场体系以及提高农民参与积极性等方面的工作力度，以促进我国农村生态农业经济持续健康发展壮大起来，并为推动农村经济社会可持续发展做出更大贡献！

二、加强环境建设促进生态农业发展的策略

生态农业的发展依赖于良好的生态环境，生态环境的改善反过来也促进生态农业的健康发展。为实现生态农业经济的可持续发展，需要综合运用科学技术、政策支持、管理措施和公众参与等多方面策略。

（一）加强政策支持

（1）制定生态农业发展规划

政府应制定生态农业发展规划，明确生态农业的发展目标、重点任务和实施路径。例如编制《生态农业发展规划》，将生态农业纳入国家和地方经济发展总体规划中，确保生态农业发展的方向和重点。

（2）提供财政和税收优惠

政府应加大对生态农业的财政支持，设立专项资金支持生态农业项目。例如设立生态农业发展专项资金，支持生态农业基础设施建设、技术研发和推广；实施税收优惠政策，减免生态农业企业的税费，降低企业经营成本。

（3）推进土地政策改革

政府应推进土地政策改革，为生态农业发展提供土地保障。例如优先将生态农业项目纳入土地利用总体规划，保障生态农业用地；通过土地流转和集中经营，优化土地资源配置，促进规模化、集约化经营。

（二）推动技术创新

（1）加强生态农业科技研发

政府和科研机构应加强生态农业科技研发，推动生态农业技术的创新和应用。例如加大对有机农业、生态循环农业、生物防治等技术的研发投入，提高技术创新能力；推广生态农业新技术、新品种，提升农业生产的科技含量。

（2）推广先进生态农业技术

政府应加快推广先进的生态农业技术，促进生态农业的现代化发展。例如推广有机种植、无土栽培、节水灌溉等生态农业技术，减少化肥和农药的使用，保护土壤和水资源；推广生态养殖和循环农业技术，减少畜禽养殖废弃物的排放，实现资源的循环利用。

（3）建立生态农业科技示范基地

政府应建立生态农业科技示范基地，展示和推广生态农业新技术、新模式。例如建设生态农业科技示范园区，开展生态农业技术的试验示范和推广应用，提升农民和企业对生态农业技术的认识和应用水平。

（三）加强生态保护

（1）实施生态修复工程

政府应实施生态修复工程，改善农村生态环境，提升生态系统服务功能。例如开展退耕还林、退牧还草、水土保持等生态修复工程，恢复和保护森林、草原、湿地等生态系统，提高生态系统的稳定性和抵抗力。

（2）加强环境污染治理

政府应加大环境污染治理力度，改善农村环境质量，保护生态农业的发展基础。例如加强农业面源污染治理，减少化肥、农药的使用和排放；加大对农村生活垃圾和污水的处理力度，防止环境污染，改善农村人居环境。

（3）保护生物多样性

政府应加强生物多样性保护，维护生态系统的稳定和健康。例如建立和保护自然保护区、生态功能区和生态廊道，保护野生动植物栖息地；推广农田生物多样性保护措施，保护农田生态系统的多样性和稳定性。

（四）完善市场机制

（1）建立生态农产品认证体系

政府应建立生态农产品认证体系，提高生态农产品的市场竞争力和消费者认可度。例如制定生态农产品认证标准和规范，建立生态农产品认证机构，实施生态农产品认证和标识管理，保障生态农产品的质量和安全。

（2）推动生态农产品品牌建设

政府和企业应推动生态农产品品牌建设，提升生态农产品的市场价值和品牌影响力。例如通过品牌宣传、市场推广和渠道建设，提升生态农产品的知名度和美誉度；支持生态农业企业创建自主品牌，提升品牌价值和市场竞争力。

（3）建立生态补偿机制

政府应建立生态补偿机制，促进生态保护和生态农业发展的有机结合。例如通过财政补贴、税收优惠等手段，对从事生态保护和生态农业的农民和企业给予经济补偿，激励他们积极参与生态保护和生态农业发展。

（五）增强公众参与

（1）开展生态农业教育

政府和教育机构应加强生态农业教育，提高公众对生态农业的认识和支持。例如开设生态农业课程，普及生态农业知识；开展生态农业科普活动，增强公众的生态保护意识和责任感。

（2）推进农民参与生态农业

政府应鼓励和支持农民积极参与生态农业，提升农民的主体地位和积极性。

例如通过农民合作社、生态农业示范户等组织形式，推动农民共同参与生态农业项目；提供技术培训和指导，提高农民的生态农业技术水平和经营能力。

(3) 加强社会宣传和动员

政府和社会组织应加强生态农业的宣传和动员，提升社会各界对生态农业的关注和支持。例如通过媒体宣传、公益广告、社会活动等形式，宣传生态农业的意义和价值；发动社会力量参与生态农业项目，共同推动生态农业的发展。

加强环境建设促进生态农业发展，需要综合运用政策支持、技术创新、生态保护、市场机制和公众参与等多方面策略。通过完善政策法规、增加财政投入、推进土地政策改革等措施，提供政策保障；通过加强科研投入、推广先进技术、建立示范基地等措施，推动技术创新；通过实施生态修复工程、加强污染治理、保护生物多样性等措施，强化生态保护；通过建立认证体系、推动品牌建设、建立补偿机制等措施，完善市场机制；通过开展教育、推进参与、加强宣传等措施，增强公众参与。只有在多方协作和共同努力下，才能实现生态农业的可持续发展，为乡村振兴提供坚实的生态基础和动力。

第七章　乡村振兴战略背景下的农业信息化发展

第一节　农业信息化与农业经济发展

一、农业信息化概述

（一）农业信息化的定义

农业信息化是指利用现代信息技术手段，包括计算机技术、通信技术、网络技术和数据处理技术等，对农业生产、经营、管理和服务等各环节进行信息化改造和提升，从而提高农业生产效率、优化农业管理、促进农产品市场流通和提升农业服务水平的一种现代农业发展方式。

具体来说，农业信息化包括以下几个方面。

（1）农业生产信息化：通过传感器、物联网、大数据等技术手段，实现对农业生产环境、生产过程和生产资料的实时监测和智能管理。例如利用传感器监测土壤湿度、温度等环境参数，利用无人机进行农田巡查和农药喷洒，利用智能灌溉系统进行精准灌溉等。

（2）农业管理信息化：通过信息技术手段实现对农业生产经营活动的全面管理和优化。例如利用农业信息管理系统进行农田规划、生产计划、农资管理和生产记录等，利用大数据分析进行农业生产决策支持，利用信息系统进行农业生产过程管理和追溯等。

（3）农产品市场信息化：通过电子商务平台、农产品交易市场信息系统等手段，实现农产品市场信息的快速传递和有效利用。例如利用电子商务平台进行农产品的线上销售和推广，利用市场信息系统进行农产品市场行情分析和价格预测，利用供应链管理系统进行农产品流通和物流管理等。

(4) 农业服务信息化：通过信息技术手段提升农业服务水平，包括农业技术推广、农民培训、农业金融服务等。例如利用网络和移动终端进行农业技术推广和农民培训，利用信息系统进行农业金融服务和农资供应链管理，利用远程诊断和咨询系统进行农业技术服务等。

（二）农业信息化的发展历程

农业信息化的发展经历了从萌芽期、初步应用期到全面推广期的过程。以下是农业信息化发展的主要历程。

1. 萌芽期（20 世纪 60 年代至 80 年代）

农业信息化的萌芽期主要集中在发达国家，尤其是美国、欧洲等国家。在这一时期，信息技术刚刚开始应用于农业，主要体现在计算机技术和信息系统的初步应用。例如 20 世纪 60 年代，美国农业部开始利用计算机进行农业数据处理和分析，20 世纪 70 年代，欧洲一些国家开始探索农业信息系统的应用，20 世纪 80 年代，农业专家系统和农业管理信息系统逐步出现，为农业信息化的发展奠定了基础。

2. 初步应用期（20 世纪 90 年代至 21 世纪初）

20 世纪 90 年代至 21 世纪初，随着计算机技术、通信技术和网络技术的发展，农业信息化进入初步应用期。这一时期，信息技术在农业生产、管理和服务中的应用逐步扩大，信息系统和数据库建设开始起步。例如全球定位系统（GPS）、遥感技术（RS）和地理信息系统（GIS）等技术在农业中的应用日益广泛，农业信息管理系统和农产品市场信息系统逐步建设，农业电子商务和农产品交易平台开始出现。

3. 全面推广期（21 世纪初至今）

进入 21 世纪，随着互联网、物联网、大数据、云计算、人工智能等新一代信息技术的快速发展，农业信息化进入全面推广期。这一时期，信息技术在农业中的应用更加广泛和深入，农业信息化水平显著提高。例如精准农业、智慧农业、数字农业等新型农业生产方式逐步推广，农业物联网、大数据平台、农业信息管理系统等全面应用，农产品电子商务、农业信息服务等迅速发展。

农业信息化是现代农业发展的重要方向，通过信息技术的应用，提高农业生产效率、优化农业管理、促进农产品市场流通和提升农业服务水平。农业信息化的发展经历了萌芽期、初步应用期和全面推广期，未来将进一步向智能化、数字化、精准化方向发展，为实现农业现代化和乡村振兴提供强大动力。在这一过程中，需要政府、科研机构、企业和农民的共同努力，加强政策支持、技术创新、人才培养和管理机制建设，全面推进农业信息化发展。

二、农业信息化存在的问题

（一）农业信息化基础设施不完善

农业信息化的发展离不开完善的基础设施支持。当前我国农业信息化基础设施仍显薄弱，特别是在一些偏远农村地区，网络覆盖不足、通信设备落后等问题尤为突出。这严重制约了农业信息的传播和应用，影响了农业信息化的整体进程。为了改善这一状况，需要政府和社会各界共同努力，加大投入，完善农业信息化基础设施建设。

（二）农业信息化人才缺乏

农业信息化的发展需要一支具备专业素养的人才队伍作为支撑，当前我国农业信息化人才储备严重不足，高素质、专业化的农业信息化人才更是稀缺。这导致了许多先进的农业信息技术无法得到有效应用和推广。加强农业信息化人才培养和引进工作显得尤为迫切。

（三）农业信息化应用水平不高

尽管近年来我国农业信息化取得了一定进展，但整体应用水平仍然不高。许多农民对农业信息技术的了解和掌握程度有限，无法充分利用信息技术提高农业生产效率和管理水平。一些地区的农业信息化应用还存在盲目跟风、缺乏针对性等问题，导致信息化效果不佳。提高农业信息化应用水平是当前亟待解决的问题之一。

（四）农业信息化安全问题

随着农业信息化的深入发展，信息安全问题也日益凸显。农业信息系统遭受黑客攻击、病毒侵入等安全风险不断增加，这可能对农业生产和管理造成严重影响。加强农业信息化安全体系建设、提高信息安全防护能力已成为当务之急。

（五）农业信息化与农民生产生活脱节

农业信息化的最终目的是服务农民、促进农业生产发展。当前一些地区的农业信息化建设与农民实际需求脱节，导致信息化成果无法有效转化为生产力。这主要体现在信息化服务内容单一、无法满足农民多样化需求以及信息化服务方式不便捷、难以被农民接受等方面。加强农业信息化与农民生产生活的紧密结合是当前农业信息化发展的重要方向之一。

三、农业信息化优化路径

（一）加强农业信息化基础设施建设

1. 完善农业信息网络

建设覆盖广泛、速度快、稳定性强的农业信息网络，是实现农业信息化的基础。应加快农村地区的网络基础设施建设，特别是宽带网络和移动网络的普及，确保农村地区与城市同步进入信息时代。例如通过政府和电信运营商的合作，推进农村宽带普及工程，提升农村地区的网络接入能力。

2. 建设农业信息平台

构建农业信息平台，整合各类农业信息资源，实现信息共享和综合服务。例如建立农业大数据平台，汇集农业生产、市场、气象、病虫害等数据，为农业生产提供决策支持；建立农业电子商务平台，促进农产品线上交易和市场对接；建立农业信息服务平台，提供政策、技术、市场等多方面的信息服务。

3. 推动智慧农业基础设施建设

推广智能传感器、物联网、无人机、智能农机等现代农业装备，构建智慧农业基础设施。例如在农田中部署传感器网络，实时监测土壤、水分、气象等环境参数；推广智能农机，实现精准作业和自动化生产；利用无人机进行农田监测和农药喷洒，提高生产效率和环境保护水平。

（二）培养农业信息化人才队伍

1. 加强农业信息化教育

在高等院校和职业学校设置农业信息化相关专业和课程，培养一批既懂农业又懂信息技术的复合型人才。例如开设农业物联网、农业大数据、农业信息管理等课程，提高学生的专业知识和实践能力。

2. 开展农业信息化培训

对农业从业人员、管理人员和技术人员进行信息化技能培训，提高其信息化应用水平。例如组织农业信息化技术培训班，讲授现代信息技术在农业中的应用，提高农民和农业企业的信息化水平；通过在线课程和远程教育，扩大培训覆盖面和受众群体。

3. 引进和培养高端人才

吸引和培养信息技术领域的高端人才，特别是具有国际视野和创新能力的人才，提升农业信息化的技术水平和创新能力。例如实施人才引进计划，引进海外高层次人才和团队；鼓励高校和科研机构开展农业信息化领域的基础研究和技术攻关，培养高水平的科研人才。

（三）推动农业信息化应用创新

1. 促进精准农业发展

推广精准农业技术，实现农业生产的精准管理和高效利用。例如利用卫星遥感和地理信息系统（GIS）技术，进行农田规划和作物监测；利用大数据和人工智能技术，进行农作物生长分析和产量预测；推广精准施肥、精准灌溉和精准植保技术，提高资源利用效率和生产效益。

2. 发展智慧农业

利用物联网、云计算和人工智能等先进技术，推动智慧农业的发展。例如建设智慧农场，实现农田的智能化管理和作业；利用智能传感器和物联网技术，进行环境监测和智能控制；通过大数据分析和人工智能技术，优化生产决策和管理流程。

3. 推动农业电子商务

发展农业电子商务，促进农产品的线上交易和市场流通。例如支持农民和农业企业建立电子商务平台，进行农产品的网上销售和推广；通过直播、短视频等新媒体手段，进行农产品的宣传和销售；推动农村电商与物流配送体系的融合，提升农产品流通效率和质量。

（四）加强农业信息化安全保障

1. 健全信息安全制度

建立健全农业信息化的安全管理制度和规范，确保信息系统的安全运行。例如制定农业信息安全标准和技术规范，规范信息系统的建设和管理；建立信息安全管理体系，加强信息系统的安全防护和监控。

2. 加强信息安全技术防护

采用先进的信息安全技术，保障农业信息系统的安全。例如利用加密技术保护敏感信息,防止信息泄露和篡改;采用防火墙、入侵检测和防病毒等技术,保护信息系统免受网络攻击和恶意软件的侵害;开展信息安全风险评估和应急演练,提高信息安全防护能力。

3. 提高信息安全意识

加强信息安全宣传教育,提高农业从业人员的信息安全意识和防护能力。例如通过培训班、讲座和宣传资料等形式,普及信息安全知识和技能;开展信息安全宣传活动,增强农民和农业企业的信息安全意识和防护能力。

(五)加强农业信息化与农民生产生活的融合

1. 推动信息技术进村入户

推动信息技术在农村生产生活中的广泛应用,提高农民的生活质量和生产效率。例如推广智能家居、智能农机和智慧社区等应用,提高农村居民的生活质量和便利性;通过信息化手段进行生产管理和市场销售,提高农民的生产效率和经济收益。

2. 促进信息惠农服务

通过信息技术提供惠农服务,帮助农民解决生产和生活中的实际问题。例如建立农业信息服务平台,提供政策、技术、市场等方面的信息服务;利用移动互联网进行远程诊断和咨询,提供农业技术支持和服务;通过电子商务平台进行农产品销售和市场对接,增加农民收入。

3. 增强农民信息化参与感

加强农民在农业信息化建设中的参与感,提高其对信息化应用的认同和支持。例如通过农民合作社、村民委员会等组织形式,推动农民参与信息化项目的规划和实施;开展信息化示范和推广活动,展示信息技术在农业生产和生活中的应用效果,增强农民的信任和支持。

第二节 农业经济管理中信息化技术的应用

一、信息化技术与农业经济管理概念

(一)信息化技术

信息化技术,简而言之,是指利用现代信息技术手段,对各类信息进行收

集、处理、存储、传输和应用的一系列技术方法的总称。在农业经济管理领域，信息化技术正逐渐发挥着越来越重要的作用。它不仅能够提高农业经济管理的效率和准确性，还能够促进农业经济的可持续发展。

信息化技术涵盖了多个方面，其中包括计算机技术、网络技术、通信技术、数据库技术等。这些技术在农业经济管理中的应用，使得农业经济管理更加科学化、规范化、高效化。例如通过计算机技术，我们可以对农业经济数据进行快速处理和分析，为决策提供科学依据；通过网络技术，我们可以实现农业经济信息的实时共享和传播，提高信息的透明度和利用率；通过通信技术，我们可以建立农业经济管理信息系统，实现远程监控和管理；通过数据库技术，我们可以对大量的农业经济数据进行有效存储和管理，为后续的研究和应用提供便利。

在乡村振兴战略背景下，信息化技术的发展和应用更是为农业经济管理带来了新的机遇和挑战。一方面，信息化技术的应用可以推动农业经济管理的创新和发展，提高农业经济的竞争力和可持续发展能力；另一方面，信息化技术的应用也需要不断地进行探索和实践，以适应农业经济管理的新需求和新变化。

（二）农业经济管理

农业经济管理是一个综合性的概念，它涉及农业生产的组织、计划、指挥、监督和调节等多个方面。在乡村振兴战略的背景下，农业经济管理显得尤为重要，因为它是实现农业现代化、提高农业生产效率、增加农民收入的重要途径。

农业经济管理是对农业生产过程的管理，包括农作物的种植、养殖业的饲养、农产品的加工和销售等各个环节。在乡村振兴战略中，我们需要通过科学的管理方法和技术手段，提高农业生产的效率和质量，确保农产品的安全和可追溯性。例如通过引入现代化的农业机械设备和智能化的管理系统，我们可以实现精准农业，提高农作物的产量和品质。

农业经济管理还涉及农业资源的配置和利用，农业资源包括土地资源、水资源、生物资源等，这些资源是农业生产的基础。在乡村振兴战略中，需要通过合理的配置和利用农业资源，提高资源的利用效率，保护生态环境，实现农业的可持续发展。例如通过推广节水灌溉技术和生态农业模式，可以减少水资源的浪费，保护土壤和生态环境。

农业经济管理还包括农产品的市场营销和品牌建设，在乡村振兴战略中，需要通过市场营销手段，提高农产品的知名度和竞争力，打造具有地域特色的农产品品牌。例如通过电商平台和社交媒体等渠道，我们可以将农产品推向更广阔的市场，提高农民的收入和生活水平。

在信息化技术的发展下，农业经济管理也迎来了新的机遇和挑战。信息化技术可以为农业经济管理提供更加精准、高效的数据支持和管理手段。例如通过物联网技术，可以实时监测农作物的生长环境和生长状态，为农业生产提供更加精准的管理决策；通过大数据技术，对农业生产数据进行深度挖掘和分析，为农业经济管理提供更加科学的依据。

二、信息化技术在农业经济管理中的应用分析

（一）促进社会发展

1. 推动农村经济转型

信息化技术促进了农村经济的转型升级，通过电子商务、数字农业和智慧农业等新业态，推动了农村经济的多元化发展。例如农民可以通过电商平台销售农产品，扩大市场覆盖面，提高收入水平；农村合作社和企业利用大数据分析进行市场预测和决策优化，提高经济效益。

2. 提升农村公共服务

信息化技术提升了农村公共服务水平，通过互联网和信息系统，农村居民能够更便捷地获取政府服务、医疗卫生、教育培训等公共服务。例如农村居民可以通过网上政务平台办理各种业务，减少了办理时间和成本；远程医疗系统使偏远地区的农民也能享受到优质的医疗服务。

3. 促进社会公平

信息化技术在农业经济管理中的应用，有助于缩小城乡数字鸿沟，促进社会公平。通过信息化技术，农村居民能够平等享受信息资源和服务，提高了社会的公平性和包容性。例如数字图书馆和在线教育平台使农村学生能够与城市学生一样获取优质的教育资源，提升教育水平。

（二）满足"三农"需求

1. 提高农民生产效率

信息化技术帮助农民提高生产效率，减少劳动强度和生产成本。例如智能灌溉系统和精准施肥技术通过传感器和数据分析，精确控制水肥供应，提高农作物产量和质量；农业机械自动化和无人机技术减少了人工操作，提高了生产效率。

2. 优化农产品流通

信息化技术优化了农产品流通环节，通过电子商务平台、物流信息系统和供应链管理系统，缩短了农产品从田间到餐桌的时间，提高了流通效率和产品新鲜度。例如冷链物流系统确保了易腐农产品在运输过程中的保鲜，电商平台促进了农产品的线上销售和市场拓展。

3. 提升农民生活质量

信息化技术提升了农民的生活质量，通过智能家居、农村信息服务平台等应用，改善了农村居民的生活条件和居住环境。例如智能家居系统提供了便捷的家庭管理服务，农村信息服务平台提供了气象、医疗、教育等便民服务，提升了生活质量。

（三）推广农作物种植技术

1. 精确农业技术

精确农业技术利用 GPS、GIS、遥感和大数据等技术，对农田进行精细管理，实现精准播种、精准施肥和精准灌溉。例如通过遥感技术监测农田作物生长状况，利用大数据分析制定精准施肥方案，提高农作物产量和品质，减少化肥使用，保护环境。

2. 智能灌溉系统

智能灌溉系统利用传感器和物联网技术，实时监测土壤湿度、气温等环境参数，自动控制灌溉设备，优化灌溉方案。例如滴灌和喷灌系统能够根据作物需水量精准供水，提高水资源利用效率，减少水资源浪费。

3. 现代化植保技术

现代化植保技术利用无人机、物联网和大数据等技术，实现对病虫害的监测和防治。例如无人机喷洒农药技术提高了施药效率和精准度，减少了农药使用量和环境污染；物联网传感器监测病虫害发生情况，及时采取防治措施，保障农作物健康生长。

（四）农业生产应用

1. 农业机械化

农业机械化通过自动化和智能化设备，提高了农业生产效率和管理水平。例如自动化播种机、收割机和植保机等设备,减少了人工操作,提高了生产效率和作业质量;智能农机系统通过数据分析和远程控制,实现农机的智能化管理和作业。

2. 农业物联网

农业物联网通过传感器和网络技术,实现对农业生产环境的实时监测和智能控制。例如土壤湿度传感器、气象站和摄像头等设备,实时采集农田环境数据,通过物联网平台进行数据分析和处理,优化农业生产管理。

3. 农业大数据

农业大数据通过数据采集、存储、分析和应用,为农业生产提供科学决策支持。例如农业大数据平台汇集土壤、水分、气象、作物等多维度数据,通过大数据分析,提供精准种植、病虫害防治、市场预测等服务,提升农业生产效益和管理水平。

(五) 农业信息服务应用

1. 农业信息管理系统

农业信息管理系统通过数据化管理,提高了农业生产的管理水平和决策能力。例如农业生产管理系统记录农田作物生长、施肥、灌溉等数据,实现全程可追溯管理;农资管理系统优化农资采购、储存和使用,提高农资管理效率。

2. 农业电子商务平台

农业电子商务平台通过线上交易,促进了农产品市场流通和销售。例如农民和农业企业可以通过电商平台销售农产品,拓展销售渠道,增加收入;消费者通过电商平台购买农产品,享受便捷购物服务,促进农产品市场发展。

3. 农业技术服务平台

农业技术服务平台通过信息化手段,提供便捷的农业技术支持和服务。例如远程诊断和咨询系统通过网络和移动终端,提供农业专家在线诊断和技术咨询服务;农业技术推广平台提供农业技术资料、视频教学和在线培训,提高农民技术水平。

信息化技术在农业经济管理中的广泛应用,推动了农业生产的现代化和高效化,提高了农民的生产效率和生活质量,优化了农产品的流通和市场机制,推广了先进的农作物种植技术,并提供了丰富的农业信息服务。通过加强农业信息化基础设施建设、培养农业信息化人才队伍、推动农业信息化应用创新、加强农业信息化安全保障和促进信息化与农民生产生活的融合，可以全面提升农业信息化水平，助力乡村振兴和农业经济的可持续发展。

三、信息化技术在农业经济管理中应用的问题分析

（一）信息化设施不足

1. 网络基础设施不完善

许多农村地区的网络基础设施相对落后，网络覆盖范围有限，网速慢，稳定性差，无法满足农业信息化发展的需求。例如一些偏远农村地区尚未实现宽带网络全覆盖，农民难以通过互联网获取农业信息和服务。

2. 农业物联网建设滞后

农业物联网需要大量传感器、数据采集设备和网络传输设备，但当前这些设备在农村地区的普及率较低，导致农业生产过程中的数据采集和监测不够全面。例如许多农田缺乏土壤湿度、气象等环境参数的实时监测设备，无法实现精准农业管理。

3. 信息平台建设不足

农业信息平台的建设相对滞后，许多农村地区缺乏统一、规范的信息管理和服务平台。例如农业大数据平台、农产品电子商务平台等信息系统建设不完善，导致农民和农业企业难以享受到便捷的农业信息服务。

（二）信息化意识不足

1. 农民信息化意识薄弱

许多农民对信息化技术的认识不足，信息化意识薄弱，缺乏主动学习和应用信息技术的动力。例如一些农民对智能农机、电子商务等信息化应用持怀疑态度，认为其操作复杂、成本高，不愿意尝试新的技术和设备。

2. 农业管理者重视不够

部分农业管理者对信息化技术的重视程度不够，未能充分认识到信息化技术对农业经济管理的重要性。例如一些地方政府和农业部门在制定农业发展规划时，缺乏对信息化建设的投入和支持，导致信息化项目推进缓慢。

3. 信息化应用推广力度不足

信息化技术在农业中的应用推广力度不足,许多先进的技术和设备未能在农村地区得到广泛应用。例如一些信息化技术推广活动覆盖面有限,推广形式单一,未能有效激发农民和农业企业的参与热情和应用意愿。

(三)专业人才缺乏

1. 信息化技术人才匮乏

农业信息化需要大量具备信息技术和农业知识的复合型人才,但当前这类专业人才严重不足。例如许多农村地区缺乏懂得信息化技术的农业技术员和信息化管理人员,难以推动信息化技术的应用和发展。

2. 农民技术培训不到位

对农民的信息化技术培训不到位,导致农民缺乏应用信息化技术的基本技能和知识。例如一些培训课程内容单一、形式枯燥,未能结合农民的实际需求进行针对性培训,农民难以将所学知识应用到实际生产中。

3. 科研与应用脱节

农业信息化的科研与实际应用脱节,技术研发与推广应用之间存在一定的鸿沟。例如一些科研机构的研究成果未能及时转化为实际应用技术,导致先进的信息化技术难以在农业生产中发挥作用。

四、信息化技术在农业经济管理中的应用对策

(一)增加经济投入,完善信息化基础设施

信息化基础设施是信息化技术应用的基石。在农业经济管理领域,要加大对信息化基础设施的投入,包括网络设备、传感器、数据中心等硬件设施,以及操作系统、数据库、信息安全等软件设施。通过完善信息化基础设施,可以为农业经济管理提供更加稳定、高效、安全的技术支持,推动信息化技术在农业生产、经营、管理等方面的广泛应用。

(二)针对不同农业经济主体加强信息化意识宣传

农业经济管理的主体包括农户、农业企业、农业合作社等。这些主体对信息化技术的认知和应用能力直接影响到信息化技术在农业经济管理中的效果。要针

对不同农业经济主体加强信息化意识的宣传和培训，提高他们的信息素养和应用能力。具体来说，可以通过举办培训班、现场演示、网络宣传等多种形式，向农业经济主体普及信息化技术的重要性和应用方法，引导他们积极应用信息化技术提升农业生产和管理水平。

(三) 打造高素质农业经济管理信息化专业人才队伍

信息化技术的应用需要专业的人才支持。在农业经济管理领域，要打造一支高素质的信息化专业人才队伍，他们既懂农业经济管理又精通信息化技术。这支队伍可以从事信息化技术的研发、推广和应用工作，为农业经济管理提供持续的技术支持和创新动力。为了打造这样一支队伍，可以通过高等教育、职业培训等多种途径培养相关人才，并鼓励他们积极投身农业经济管理实践，不断积累经验和提升能力。

第三节　农业经济管理信息化发展及制约因素

一、农业经济管理信息化发展的内容

(一) 科学进行农业生产要素信息化管理

1. 土地资源信息化管理

土地是农业生产的基础资源，通过信息化技术进行土地资源管理，可以提高土地利用效率。例如利用地理信息系统（GIS）和遥感技术，对农田进行精准测量和规划，实现土地的精细化管理；通过土地资源信息数据库，实时监测土地利用情况，制定科学的土地利用方案，优化土地资源配置。

2. 水资源信息化管理

水资源是农业生产的重要保障，通过信息化技术进行水资源管理，可以实现高效节水灌溉和水资源保护。例如利用物联网和传感器技术，实时监测土壤湿度和气象条件，自动控制灌溉系统，实现精准灌溉；通过水资源信息管理系统，统筹管理水资源的分配和使用，提高水资源利用效率，减少水资源浪费。

3. 农业机械信息化管理

农业机械化是提高农业生产效率的重要手段，通过信息化技术进行农业机械

管理，可以优化机械使用和维护。例如利用农业机械管理系统，对农机设备进行登记、调度和维护，实现农机的智能化管理；通过物联网技术，对农业机械进行远程监控和操作，提高机械作业效率和安全性。

4. 农资信息化管理

农资包括种子、化肥、农药等农业生产资料，通过信息化技术进行农资管理，可以保障农资供应和使用的科学合理。例如建立农资信息管理系统，对农资的采购、库存和使用进行全程管理，确保农资的质量和安全；通过大数据分析，优化农资使用方案，减少化肥和农药的使用量，保护环境。

（二）科学进行农业教育与科技信息化管理

1. 农业教育信息化管理

农业教育是提升农民素质和农业技术水平的重要途径，通过信息化技术进行农业教育管理，可以提高教育效果和覆盖面。例如建立农业教育信息平台，提供在线课程和学习资源，实现远程教育和培训；通过网络直播和视频教学，进行农业技术推广和培训，提高农民的学习效果。

2. 农业科技信息化管理

农业科技是推动农业发展的动力，通过信息化技术进行农业科技管理，可以促进科技成果的转化和应用。例如建立农业科技信息数据库，汇集最新的农业科研成果和技术信息，为农业生产提供科技支撑；通过科技推广信息系统，实时发布农业科技信息和技术方案，推动农业科技的广泛应用。

3. 农业技术服务信息化

农业技术服务是保障农业生产的重要支持，通过信息化技术进行农业技术服务管理，可以提高服务效率和质量。例如建立农业技术服务平台，提供在线咨询、远程诊断和技术指导服务；通过手机应用和社交媒体，及时发布技术指导和服务信息，方便农民获取技术支持。

（三）科学进行农业市场信息化管理

1. 农产品市场信息化管理

农产品市场信息化是优化农产品流通和销售的重要手段，通过信息化技术进行农产品市场管理，可以提高市场透明度和交易效率。例如建立农产品市场信息系统，实时发布市场价格、供求信息和交易数据，帮助农民和企业了解市场动态；通过电子商务平台，开展农产品线上交易和推广，拓宽销售渠道。

2. 农产品质量安全信息化管理

农产品质量安全是保障消费者健康的重要环节，通过信息化技术进行农产品质量安全管理，可以提高农产品的安全性和消费者信任。例如建立农产品质量追溯系统，对农产品的生产、加工、运输和销售全过程进行追踪管理，确保质量可控；通过质量检测信息系统，实时监测农产品的质量和安全情况，及时发现和处理问题。

3. 农业供应链信息化管理

农业供应链管理是提高农产品流通效率的重要手段，通过信息化技术进行供应链管理，可以优化物流和配送。例如建立农业供应链管理系统，整合农产品的生产、加工、仓储、运输等环节，实现供应链的协同管理；通过物流信息平台，实时跟踪农产品的运输和配送情况，提高物流效率和服务水平。

二、农业经济管理信息化发展的影响因素

（一）部分农民文化水平偏低，缺乏信息化管理意识

农民是农业经济管理信息化的直接参与者和受益者，他们的文化水平和信息化管理意识对信息化的发展具有重要影响。当前部分农民的文化水平偏低，对信息化管理的重要性认识不足，缺乏相关的知识和技能。这导致他们在面对信息化技术时感到困惑和无力，无法充分利用信息化手段提升农业生产和管理效率。因此提高农民的文化水平和信息化管理意识是推动农业经济管理信息化发展的关键。

（二）政府资金投入相对缺乏，需要完善基础设施

农业经济管理信息化的发展需要完善的基础设施作为支撑，包括网络设施、硬件设备、软件系统等。当前政府在农业信息化方面的资金投入相对缺乏，导致基础设施的建设和完善受到制约。这使得信息化技术在农业经济管理中的应用受到限制，无法充分发挥其潜力。政府需要加大对农业信息化的资金投入，完善相关基础设施，为信息化技术的发展提供有力保障。

（三）教育水平相对滞后，信息化管理人才相对缺少

农业经济管理信息化的发展需要一支具备专业素养的信息化管理人才队伍。

当前农业领域的教育水平相对滞后，无法培养出足够数量的信息化管理人才。这导致农业经济管理信息化在人才方面存在短板，无法满足实际需求。提升农业领域的教育水平，培养更多具备信息化管理知识和技能的人才，是推动农业经济管理信息化发展的重要任务。

（四）缺乏畅通的信息传播途径，影响信息时效性

信息传播的时效性对农业经济管理信息化的发展具有重要意义，当前农业信息传播途径不够畅通，导致信息在传递过程中出现延迟和失真。这影响了农民获取信息的及时性和准确性，进而制约了信息化技术在农业经济管理中的应用效果。建立畅通的信息传播途径，提高信息的时效性和准确性，是推动农业经济管理信息化发展的重要保障。

第四节 农业经济管理信息化水平的提升对策

一、提高农业经济管理信息化水平的重要性

（一）应对市场变化

在农业生产和经营中，市场信息的及时获取至关重要。通过信息化技术，农民和农业企业可以实时获取市场供求、价格动态和政策变化等信息，做出快速反应和调整。例如利用农业市场信息系统，农民可以实时了解市场行情，合理安排生产和销售计划，减少市场风险。

信息化技术的应用，可以提高农产品的市场竞争力。通过电子商务平台，农民和农业企业可以直接面对消费者，减少中间环节，提升产品附加值和市场竞争力。例如农民可以通过电商平台销售特色农产品，打破地域限制，拓展市场空间，提升经济效益。

在全球化背景下，农业市场的国际化趋势日益明显。通过信息化技术，农民和农业企业可以及时获取国际市场信息，了解国际市场需求和标准，参与国际市场竞争。例如通过国际农产品交易平台，农民和企业可以进行跨境电商，开拓国际市场，提高国际竞争力。

（二）提升管理水平

信息化技术可以优化农业生产管理，提高生产效率和效益。例如利用农业信

息管理系统，农民可以进行精准种植、科学施肥和病虫害防治，提高农作物产量和质量；通过物联网技术，实时监测农田环境参数，实现智能灌溉和环境控制，提升生产管理水平。

信息化技术可以提供丰富的数据支持，提高农业生产和经营决策的科学性。例如利用大数据分析，农民和农业企业可以进行市场预测、生产规划和风险评估，做出科学合理的决策；通过信息系统，农民可以记录和分析生产数据，总结经验和教训，优化生产管理。

信息化技术可以提高农业管理的透明度，增强信任和合作。例如通过信息化管理系统，农民和农业企业可以实现信息共享，增强信息透明度和互信；通过质量追溯系统，消费者可以了解农产品的生产过程和质量信息，增强对农产品的信任。

（三）促进农业产业化发展

信息化技术可以推动农业产业链的延伸，促进农业产业化发展。例如通过农产品加工信息系统，农民和农业企业可以进行农产品深加工，提高产品附加值；通过供应链管理系统，优化物流和配送，提高供应链管理水平，促进产业链延伸和价值提升。

信息化技术可以促进农业与其他产业的融合发展，推动农业产业化。例如通过信息化手段，推动农业与旅游、文化、康养等产业的融合，发展农业观光、休闲农业和农业体验等新业态，提升农业综合效益；通过信息化平台，促进农产品与加工、流通、服务等环节的协同发展，形成产业融合的新模式。

信息化技术可以提升农业产业的整体竞争力。例如通过信息化管理和技术创新，提高农业生产效率和质量；通过电子商务和品牌建设，提升农产品的市场知名度和美誉度；通过信息化手段，优化资源配置和产业布局，增强产业的核心竞争力。

（四）增加经济收入

信息化技术可以拓宽农产品的销售渠道，增加农民的经济收入。例如通过电子商务平台，农民可以进行线上销售，拓展销售渠道，提升销售收入；通过社交媒体和直播平台，农民可以进行农产品推广和营销，吸引更多消费者，提高销售额。

信息化技术可以提升农产品的附加值，增加农民收入。例如通过农产品加工和品牌建设，提升产品附加值；通过信息化手段，实现农产品的全程可追溯，提高产品质量和市场认可度；通过信息化技术，提供个性化和定制化服务，增加产品附加值和经济收入。

信息化技术可以提高生产效率，减少生产成本，增加农民收入。例如通过精准农业和智能灌溉技术，提高资源利用效率，减少化肥和农药的使用量，降低生产成本；通过信息化管理和自动化设备，减少人力投入和管理成本，提高经济效益。

二、农业经济管理信息化水平提升措施

（一）加大技术研发力度

技术研发是农业经济管理信息化水平提升的核心，应加大对农业信息化技术的研发投入，鼓励科研机构和企业进行技术创新，开发出更加适合农业经济管理需求的信息化技术。同时注重技术的实用性和易用性，确保农民能够轻松上手并应用于实际生产中。

（二）加大信息化建设力度

信息化建设是农业经济管理信息化水平提升的基础，应完善农业信息化基础设施，包括网络设施、硬件设备、软件系统等，确保信息的顺畅流通和共享。加强农业信息化标准体系和安全体系建设，保障农业信息的安全可靠。

（三）建设信息化平台

信息化平台是农业经济管理信息化水平提升的重要载体，应建设集农业生产、经营、管理于一体的综合性信息化平台，提供农业生产指导、市场信息、政策咨询等服务。通过平台的建设和运营，推动农业经济管理向更加科学化、现代化、智能化的方向发展。

（四）构建新型农村经济体系

新型农村经济体系的构建是农业经济管理信息化水平提升的重要保障，应推动农村产业融合发展，培育新型农业经营主体，如家庭农场、农民专业合作社等。加强农村电子商务和物流体系建设，拓宽农产品销售渠道，提高农民收入水平。

（五）重视资金投入

资金投入是农业经济管理信息化水平提升的必要条件，政府应加大对农业信息化的财政支持力度，设立专项基金用于支持农业信息化技术的研发和应用。鼓励社会资本投入农业信息化领域，形成政府引导、市场主导的多元化投入机制。

参考文献

[1] 赵政. 乡村振兴战略研究［M］. 西安：西北工业大学出版社，2021.

[2] 毛粉兰，齐欣. 乡村振兴与高质量发展研究［M］. 北京：九州出版社，2020.

[3] 兰州大学县域经济发展研究院，兰州大学乡村振兴战略研究院课题组. 乡村振兴的理论政策与实践［M］. 兰州：兰州大学出版社，2020.

[4] 田芝健，杨建春，吉启卫. 新时代乡村振兴的理论与实践［M］. 苏州：苏州大学出版社，2021.

[5] 柳咏芬，王利仁，徐凤珠. 农业经济管理［M］. 哈尔滨：黑龙江人民出版社，2008.

[6] 陶雪娟. 农村生态环境保护［M］. 上海：上海科学技术出版社，2013.

[7] 李豪杰. 乡村振兴背景下农业经济管理的有效路径探索［J］. 河南农业，2023，(32)：7-9.

[8] 朱艳玲. 乡村振兴视域下农业经济管理的优化对策分析［J］. 中国市场，2023，(10)：95-98.

[9] 费广胜. 农业新旧动能转换助力乡村治理现代化作用机制探析［J］. 行政论坛，2021，(2)：99-105.

[10] 王禾，宗成峰. 新型农村集体经济与乡村治理的互动耦合关系探析［J］. 农业经济，2024，(1)：65-68.

[11] 杨媛. 传统文化视野下的现代农业经济发展思路［J］. 农村经济与科技，2018，(18)：220.

[12] 王艳霞. 农村文化创意产业与农村经济发展的互动影响及发展路径［J］. 山西农经，2023，(14)：171-173.

[13] 蔡林，王庆. 农耕文化传承与乡村旅游可持续发展［J］. 湖北农业科学，2015，(11)：2810-2812.

[14] 王培志. 农业经济管理 [M]. 济南：山东人民出版社，2016.

[15] 刘大志. 乡村振兴战略背景下的农业经济管理优化思考 [J]. 全国流通经济，2021，(16)：107-109.

[16] 孙炜. 关于提升农业经济管理信息化水平的策略分析 [J]. 农家参谋，2021，(20)：101-102.

[17] 代双梅，孙运选. 试论农业机械化建设与农村生态环境保护 [J]. 乡村科技，2016，(20)：73-75.

[18] 路阳. 改善农村生态环境促进生态农业经济发展 [J]. 江西农业，2020，(8)：130-131.

[19] 马艳茹. 提升农业经济管理信息化水平的策略 [J]. 山西农经，2021，(23)：51-53.

[20] 李浩源. 试论信息化技术在农业经济管理中的应用对策 [J]. 现代企业，2023，(11)：110-112.

[21] 孙杏桃. 农业经济管理信息化制约因素及策略分析 [J]. 中国管理信息化，2022，(17)：185-187.

[22] 潘复存. 农业经济管理信息化水平提升路径研究 [J]. 山西农经，2023，(13)：152-154.

[23] 张海丽. 农业经济管理信息化发展的影响因素分析 [J]. 河南农业，2023，(26)：4-6.

[24] 安冯竞. "互联网+"经济背景下农产品电商发展趋势分析 [J]. 商展经济，2021，(7)：38-40.

[25] 樊鑫鑫. 乡村振兴战略的意义、内涵与实施路径 [J]. 乡村科技，2021，(4)：6-7.

[26] 朱姬，寺明. 乡村振兴的新内源性发展模式探析 [J]. 中共福建省委党校学报，2019，(6)：124.

[27] 谢高地，甄霖，鲁春霞. 一个基于专家知识的生态系统服务价值化方法 [J]. 自然资源学报，2008，(5)：911-919.

[28] 王沪宁. 中国：社会质量与新政治秩序 [J]. 社会科学，1989，(6)：20-25.

[29] 韩克庆. 社会质量理论：一个研究综述 [J]. 东吴学术，2010，(1)：97-103.

[30] 万信, 龙迎伟. 论乡村振兴战略的基本内涵、价值及实现理路 [J]. 江苏农业科学, 2018, (17): 327-328.

[31] 马伟亮, 杨文毓. 乡村振兴战略下乡风文明建设的意义及路径 [J]. 中国经贸导刊, 2021, (4): 86-88.

[32] 刘刚. 乡村治理现代化: 理论与实践 [M]. 北京: 经济管理出版社, 2020.

[33] 余东华. 以"创"促"转": 新常态下如何推动新旧动能转换 [J]. 中国经济问题研究, 2018, (1): 105-111.

[34] 史玉丁, 李建军. 过度旅游: 乡村社会的现实挑战与治理创新 [J]. 商业研究, 2019, (8): 9-13.

[35] 萧鸣政. 国家治理现代化的能力结构与建设 [J]. 前线, 2014, (4): 21-25.

[36] 康晓强. "村情通": 新时代乡村治理新模式 [M]. 北京: 人民出版社, 2018.

[37] 李红梅. 中国特色社会主义生态文明建设理论与实践研究 [M]. 北京: 人民出版社, 2017.

[38] 康佳琼. 传统文化视野下的现代农业经济发展途径 [J]. 农村经济与科技, 2016, (16): 166-167.

[39] 金虹. 文化创意产业参与乡村旅游的建设模式及运作机制研究 [J]. 农业经济, 2016, (8): 32-34.

[40] 严再来. 乡村文化产业对乡村经济发展的影响分析--以温州市为例 [J]. 赤峰学院学报（自然科学版）, 2016, (6): 73-75.

[41] 张振鹏. 我国农村文化创意产业发展初探 [J]. 华东经济管理, 2013, (2): 62-67.

[42] 曹晓慧. 新农村建设形势下乡村旅游市场开发研究 [J]. 农业经济, 2014, (12): 51-52.

[43] 保继刚, 孙九霞. 社区参与旅游发展的中西差异 [J]. 地理学报, 2006, (4): 401-413.

[44] 赵旭阳, 郑艳侠, 孙中伟, 等. 农村环境保护与生态建设 [M]. 北京: 中国农业出版社, 2009.

[45] 徐晓云. 我国农村生态环境保护存在的问题及对策研究 [D]. 武汉: 东北师范大学, 2004: 2-7.

[46] 闫晋晋，王燕平. 保护好农村生态环境对于促进乡村振兴的意义探讨［J］. 山西农经，2023，（24）：96-97.

[47] 郑远红. 低碳经济视角下我国农业现代化发展路径创新［J］. 农业现代化研究，2014，（3）：263-267.

[48] 张静惠. 宣威市农村土壤污染防治对策措施初探［J］. 环境科学导刊，2009，（4）：55-57.

[49] 杨爱玲. 农业信息化与农业经济发展［J］. 农村实用技术，2023，（12）：19-20.